[illegible]	[illegible]	[illegible]	[illegible]	[illegible]	示 213	石 212	矢 212	矛 212	目 211	皿 210
[illegible] 223	[illegible] 223	[illegible] 223	[illegible] 222	[illegible]	糸 219	米 218	竹 215	瓜 207	六画	衤 236
舛 227	舌 227	臼 226	至 226	自 226	臣 226	肉 224	聿 224	耳 224	耒 224	而 224
七画	襾西 238	衣 236	行 236	血 236	虫 233	虍 232	艸 227	色 227	艮 227	舟 227
走 242	赤 242	貝 241	豸 241	豕 241	豆 241	谷 241	言 238	角 238	見 238	臣 226
麦 265	里 249	釆 249	酉 248	邑 247	辵 246	辰 246	辛 246	車 245	身 245	足 243
飠 256	非 254	靑青 254	雨 253	隹 253	隶 253	阜 252	門 251	長 251	金 249	八画
飠食 256	飛 256	風 256	頁 255	音 255	韭 255	韋 255	革 254	面 254	九画	斉 266
鬼 259	鬲 259	鬯 259	鬥 259	髟 259	高 259	骨 258	馬 257	十画	香 257	首 257
亀 266	黒 265	黄 265	麻麻 265	麥 265	鹿 264	鹵 264	鳥 262	魚 260	十一画	竜 266
鼠 265	鼓 265	鼎 265	黽 265	十三画	歯 266	黹 265	黑 265	黍 265	黃 265	十二画
	龠 266	十七画	龜 266	龍 266	十六画	齒 266	十五画	齊 266	鼻 266	十四画

漢字は日本文化を支える

長い日本文化の発展過程において、
漢字はその根幹となってきました。
現代を生きる私たちの漢字・日本語を学ぶことは、
次世代へ日本文化を受け継ぎ、
発展させていくために欠くことができません。
日本人の歴史とともにあった漢字学習は、
楽しい生涯学習のひとつとして、
多くの人に取り組まれています。

「漢検」級別 主な出題内容

10級 …対象漢字数 80字
漢字の読み／漢字の書取／筆順・画数

9級 …対象漢字数 240字
漢字の読み／漢字の書取／筆順・画数

8級 …対象漢字数 440字
漢字の読み／漢字の書取／部首・部首名／筆順・画数／送り仮名／対義語／同じ漢字の読み

7級 …対象漢字数 640字
漢字の読み／漢字の書取／部首・部首名／筆順・画数／送り仮名／対義語／同音異字／三字熟語

6級 …対象漢字数 825字
漢字の読み／漢字の書取／部首・部首名／筆順・画数／送り仮名／対義語・類義語／同音・同訓異字／三字熟語／熟語の構成

5級 …対象漢字数 1006字
漢字の読み／漢字の書取／部首・部首名／筆順・画数／送り仮名／対義語・類義語／同音・同訓異字／誤字訂正／四字熟語／熟語の構成

4級 …対象漢字数 1322字
漢字の読み／漢字の書取／部首・部首名／送り仮名／対義語・類義語／同音・同訓異字／誤字訂正／四字熟語／熟語の構成

3級 …対象漢字数 1607 字
漢字の読み／漢字の書取／部首・部首名／送り仮名／対義語・類義語／同音・同訓異字／誤字訂正／四字熟語／熟語の構成

準2級 …対象漢字数 1940 字
漢字の読み／漢字の書取／部首・部首名／送り仮名／対義語・類義語／同音・同訓異字／誤字訂正／四字熟語／熟語の構成

2級 …対象漢字数 2136 字
漢字の読み／漢字の書取／部首・部首名／送り仮名／対義語・類義語／同音・同訓異字／誤字訂正／四字熟語／熟語の構成

準1級 …対象漢字数 約3000字
漢字の読み／漢字の書取／故事・諺／対義語・類義語／同音・同訓異字／誤字訂正／四字熟語

1級 …対象漢字数 約6000字
漢字の読み／漢字の書取／故事・諺／対義語・類義語／同音・同訓異字／誤字訂正／四字熟語

※ここに示したのは出題分野の一例です。毎回すべての分野から出題されるとは限りません。また、このほかの分野から出題されることもあります。

日本漢字能力検定採点基準 最終改定：平成25年4月1日

1 採点の対象
筆画を正しく、明確に書かれた字を採点の対象とし、くずした字や、乱雑に書かれた字は採点の対象外とする。

2 字種・字体
①2～10級の解答は、内閣告示「常用漢字表」（平成二十二年）による。ただし、旧字体での解答は正答とは認めない。
②1級および準1級の解答は、『漢検要覧 1／準1級対応』（公益財団法人日本漢字能力検定協会発行）に示す「標準字体」「許容字体」「旧字体一覧表」による。

3 読み
①2～10級の解答は、内閣告示「常用漢字表」（平成二十二年）による。
②1級および準1級の解答には、①の規定は適用しない。

4 仮名遣い
仮名遣いは、内閣告示「現代仮名遣い」による。

5 送り仮名
送り仮名は、内閣告示「送り仮名の付け方」による。

6 部首
部首は、『漢検要覧 2～10級対応』（公益財団法人日本漢字能力検定協会発行）収録の「部首一覧表と部首別の常用漢字」による。

7 筆順
筆順の原則は、文部省編『筆順指導の手びき』（昭和三十三年）による。常用漢字一字一字の筆順は、『漢検要覧 2～10級対応』収録の「常用漢字の筆順一覧」による。

8 合格基準

級	満点	合格
1級／準1級／2級	二〇〇点	八〇％程度
準2級／3級／4級／5級／6級／7級	二〇〇点	七〇％程度
8級／9級／10級	一五〇点	八〇％程度

※部首、筆順は『漢検 漢字学習ステップ』など公益財団法人日本漢字能力検定協会発行図書でも参照できます。

日本漢字能力検定審査基準

10級

程度　小学校第1学年の学習漢字を理解し、文や文章の中で使える。

領域・内容

《読むことと書くこと》　小学校学年別漢字配当表の第1学年の学習漢字を読み、書くことができる。

《筆順》　点画の長短、接し方や交わり方、筆順および総画数を理解している。

9級

程度　小学校第2学年までの学習漢字を理解し、文や文章の中で使える。

領域・内容

《読むことと書くこと》　小学校学年別漢字配当表の第2学年までの学習漢字を読み、書くことができる。

《筆順》　点画の長短、接し方や交わり方、筆順および総画数を理解している。

8級

程度　小学校第3学年までの学習漢字を理解し、文や文章の中で使える。

領域・内容

《読むことと書くこと》　小学校学年別漢字配当表の第3学年までの学習漢字を読み、書くことができる。

- 音読みと訓読みとを理解していること
- 送り仮名に注意して正しく書けること（食べる、楽しい、後ろ　など）
- 対義語の大体を理解していること（勝つ―負ける、重い―軽い　など）
- 同音異字を理解していること（反対、体育、期待、太陽　など）

《筆順》　筆順、総画数を正しく理解している。

《部首》　主な部首を理解している。

7級

程度　小学校第4学年までの学習漢字を理解し、文章の中で正しく使える。

領域・内容

《読むことと書くこと》　小学校学年別漢字配当表の第4学年までの学習漢字を読み、書くことができる。

- 音読みと訓読みとを正しく理解していること
- 送り仮名に注意して正しく書けること（等しい、短い、流れる　など）
- 熟語の構成を知っていること
- 対義語の大体を理解していること（入学―卒業、得点―失点　など）
- 同音異字を理解していること（健康、高校、広告、外交　など）

《筆順》　筆順、総画数を正しく理解している。

《部首》　部首を理解している。

6級

程度　小学校第5学年までの学習漢字を理解し、文章の中で漢字が果たしている役割を知り、正しく使える。

領域・内容

《読むことと書くこと》　小学校学年別漢字配当表の第5学年までの学習漢字を読み、書くことができる。

- 音読みと訓読みとを正しく理解していること
- 送り仮名や仮名遣いに注意して正しく書けること（告げる、失う　など）
- 熟語の構成を知っていること（上下、絵画、大木、読書、不明　など）
- 対義語、類義語の大体を理解していること（禁止―許可、平等―均等　など）
- 同音・同訓異字を正しく理解していること

《筆順》　筆順、総画数を正しく理解している。

《部首》　部首を理解している。

5級

程度　小学校第6学年までの学習漢字を理解し、文章の中で漢字が果たしている役割に対する知識を身に付け、漢字を文章の中で適切に使える。

領域・内容

《読むことと書くこと》　小学校学年別漢字配当表の第6学年までの学習漢字を読み、書くことができる。

- 音読みと訓読みとを正しく理解していること
- 送り仮名や仮名遣いに注意して正しく書けること
- 熟語の構成を知っていること
- 対義語、類義語を正しく理解していること
- 同音・同訓異字を正しく理解していること

《四字熟語》　四字熟語を正しく理解している（有名無実、郷土芸能　など）。

《筆順》　筆順、総画数を正しく理解している。

《部首》　部首を理解し、識別できる。

4級

程度　※常用漢字のうち約1300字を理解し、文章の中で適切に使える。

領域・内容

《読むことと書くこと》　小学校学年別漢字配当表のすべての漢字と、その他の常用漢字約300字の読み書きを習得し、文章の中で適切に使える。

- 音読みと訓読みとを正しく理解していること
- 送り仮名や仮名遣いに注意して正しく書けること
- 熟語の構成を正しく理解していること
- 熟字訓、当て字を理解していること（小豆／あずき、土産／みやげ　など）
- 対義語、類義語、同音・同訓異字を正しく理解していること

《四字熟語》　四字熟語を理解している。

《部首》　部首を識別し、漢字の構成と意味を理解している。

※常用漢字とは、平成22年11月30日付内閣告示による「常用漢字表」に示された2136字をいう。

3級

程度　※常用漢字のうち約1600字を理解し、文章の中で適切に使える。

領域・内容

《読むことと書くこと》　小学校学年別漢字配当表のすべての漢字と、その他の常用漢字約600字の読み書きを習得し、文章の中で適切に使える。

- 音読みと訓読みとを正しく理解していること
- 送り仮名や仮名遣いに注意して正しく書けること
- 熟語の構成を正しく理解していること
- 熟字訓、当て字を理解していること（乙女／おとめ、風邪／かぜ　など）
- 対義語、類義語、同音・同訓異字を正しく理解していること

《四字熟語》　四字熟語を理解している。

《部首》　部首を識別し、漢字の構成と意味を理解している。

※常用漢字とは、平成22年11月30日付内閣告示による「常用漢字表」に示された2136字をいう。

準2級

程度　常用漢字[※1]のうち1940字[※2]を理解し、文章の中で適切に使える。

領域・内容

《読むことと書くこと》　1940字の漢字の読み書きを習得し、文章の中で適切に使える。

- 音読みと訓読みとを正しく理解していること
- 送り仮名や仮名遣いに注意して正しく書けること
- 熟語の構成を正しく理解していること
- 熟字訓、当て字を理解していること（硫黄／いおう、相撲／すもう　など）
- 対義語、類義語、同音・同訓異字を正しく理解していること

《四字熟語》　典拠のある四字熟語を理解している（驚天動地、孤立無援　など）。

《部首》　部首を識別し、漢字の構成と意味を理解している。

※1　常用漢字とは、平成22年11月30日付内閣告示による「常用漢字表」に示された2136字をいう。
※2　1940字とは、昭和56年10月1日付内閣告示による旧「常用漢字表」の1945字から「勺」「錘」「銑」「脹」「匁」の5字を除いたものを指す。

2級

程度　すべての常用漢字[※]を理解し、文章の中で適切に使える。

領域・内容

《読むことと書くこと》　すべての常用漢字の読み書きに習熟し、文章の中で適切に使える。

- 音読みと訓読みとを正しく理解していること
- 送り仮名や仮名遣いに注意して正しく書けること
- 熟語の構成を正しく理解していること
- 熟字訓、当て字を理解していること（海女／あま、玄人／くろうと　など）
- 対義語、類義語、同音・同訓異字などを正しく理解していること

《四字熟語》　典拠のある四字熟語を理解している（鶏口牛後、呉越同舟　など）。

《部首》　部首を識別し、漢字の構成と意味を理解している。

※　常用漢字とは、平成22年11月30日付内閣告示による「常用漢字表」に示された2136字をいう。

準1級

程度　常用漢字を含めて、約3000字の漢字の音・訓を理解し、文章の中で適切に使える。

領域・内容

《読むことと書くこと》　常用漢字の音・訓を含めて、約3000字の漢字の読み書きに慣れ、文章の中で適切に使える。

- 熟字訓、当て字を理解していること
- 対義語、類義語、同音・同訓異字などを理解していること
- 国字を理解していること（峠、凧、畠　など）
- 複数の漢字表記について理解していること（國—国、交叉—交差　など）

《四字熟語・故事・諺》　典拠のある四字熟語、故事成語・諺を正しく理解している。

《古典的文章》　古典的文章の中での漢字・漢語を理解している。

※　約3000字の漢字は、JIS第一水準を目安とする。

1級

程度　常用漢字を含めて、約6000字の漢字の音・訓を理解し、文章の中で適切に使える。

領域・内容

《読むことと書くこと》　常用漢字の音・訓を含めて、約6000字の漢字の読み書きに慣れ、文章の中で適切に使える。

- 熟字訓、当て字を理解していること
- 対義語、類義語、同音・同訓異字などを理解していること
- 国字を理解していること（怺える、毟る　など）
- 地名・国名などの漢字表記（当て字の一種）を知っていること
- 複数の漢字表記について理解していること（鹽—塩、颱風—台風　など）

《四字熟語・故事・諺》　典拠のある四字熟語、故事成語・諺を正しく理解している。

《古典的文章》　古典的文章の中での漢字・漢語を理解している。

※　約6000字の漢字は、JIS第一・第二水準を目安とする。

個人受検の申し込みについて　申し込みから合否の通知まで

1 受検級を決める

受検資格　制限はありません

実施級　1、準1、2、準2、3、4、5、6、7、8、9、10級

検定会場　全国主要都市約180か所に設置
（実施地区は検定の回ごとに決定）

2 検定に申し込む

●インターネットで申し込む

ホームページ http://www.kanken.or.jp/ から申し込む
（クレジットカード決済、コンビニ決済等が可能です）。

●コンビニエンスストアで申し込む

・ローソン「Loppi」
・セブン-イレブン「マルチコピー」
・ファミリーマート「Famiポート」
・サークルKサンクス「Kステーション」
・ミニストップ「MINISTOP Loppi」

検定料は各店舗のカウンターで支払う。

●取扱書店（大学生協含む）を利用する

取扱書店（大学生協含む）で検定料を支払い、願書と書店払込証書を郵送する。

●取扱新聞社などへ申し込む

願書、検定料（現金）を直接持参、または現金書留で送付する。

注意

①家族・友人と同じ会場での受検を希望する方は、願書を利用する申込方法をお選びいただき、1つの封筒に同封して送付してください。同封されない場合には、受検会場が異なることがあります（インターネット、コンビニエンスストアでの申し込みの場合は同一会場の指定はできませんのでご了承ください）。

②車いすで受検される方や、体の不自由な方はお申し込みの際に協会までご相談ください。

③申し込み後の変更・取り消し・返金はできません。また、次回への延期もできませんのでご注意ください。

3 受検票が届く

受検票は検定日の約1週間前に到着するよう協会より郵送します。

※検定日の4日前になっても届かない場合は協会へお問い合わせください。

お問い合わせ窓口

電話番号　フリーコール　**0120-509-315**（無料）
（海外からはご使用になれません。ホームページよりメールでお問い合わせください。）

お問い合わせ時間　月～金　9時00分～17時00分
（祝日・年末年始を除く）
※検定日とその前日の土、日は開設
※検定日と申込締切日は9時00分～18時00分

4 検定日当日

検定時間

2級：10時00分～11時00分（60分間）
準2級：11時50分～12時50分（60分間）
8・9・10級：11時50分～12時30分（40分間）
1・3・5・7級：13時40分～14時40分（60分間）
準1・4・6級：15時30分～16時30分（60分間）

持ち物

受検票、鉛筆（HB、B、2B、シャープペンシルも可）、消しゴム

※ボールペン、万年筆などの使用は認められません。ルーペ持ち込み可。

注意

①会場への車での来場（送迎を含む）は、周辺の迷惑になりますのでご遠慮ください。
②検定開始15分前までに入場してください。答案用紙の記入方法などを説明します。
③携帯電話やゲーム、電子辞書などは、電源を切り、かばんにしまってから入場してください。
④検定中は受検票を机の上に置いてください。
⑤答案用紙には、あらかじめ名前や受検番号などが印字されています。
⑥お申し込みされた皆様に、後日、検定問題と標準解答をお送りします。

5 合否の通知

検定日の約40日後に、受検者全員に「検定結果通知」を郵送します。合格者には「合格証書」・「合格証明書」を同封します。

受検票は検定結果が届くまで大切に保管してください。

注目

進学・就職に有利！合格者全員に合格証明書発行

大学・短大の推薦入試の提出書類に、また就職の際の履歴書に添付してあなたの漢字能力をアピールしてください。合格者全員に、合格証書と共に合格証明書を2枚、無料でお届けいたします。

合格証明書が追加で必要な場合は

次の❶～❹を同封して、協会までお送りください。約1週間後、お手元にお届けします。

❶氏名・住所・電話番号・生年月日、および受検年月日・受検級・認証番号（合格証書の左上部に記載）を明記したもの
❷本人確認資料（在学証明書、運転免許証、住民票などのコピー）
❸住所・氏名を表に明記し切手を貼った返信用封筒
❹証明書1枚につき発行手数料500円

◆団体受検の申し込み

学校や企業などで志願者が一定以上まとまると、団体申込ができ、自分の学校や企業内で受検できる制度もあります。団体申込を扱っているかどうかは先生や人事関係の担当者に確認してください。

「漢検」受検の際の注意点

【字の書き方】

問題の答えは楷書で大きくはっきり書きなさい。乱雑な字や続け字、また、行書体や草書体のようにくずした字は採点の対象とはしません。

特に漢字の書き取り問題では、答えの文字は教科書体をもとにして、はねるところ、とめるところなどもはっきり書きましょう。また、画数に注意して、一画一画を正しく、明確に書きなさい。

《例》

漢検

公益財団法人 日本漢字能力検定協会

漢検 分野別 精選演習 1級

漢検 公益財団法人 日本漢字能力検定協会

はじめに

本書は、日本漢字能力検定（以下、「漢検」）1級受検のための練習用問題集である。過去の検定問題から精選した問題を中心として、分野別に構成している。内容は、「日本漢字能力検定審査基準」に則り、効果的に漢字の理解・運用能力を身につけられるように工夫した。また、巻末に漢字への理解をさらに深めるための資料を掲載した。

漢検1級で出題の対象となる漢字の字種は、ＪＩＳ（日本工業規格）第一水準と第二水準の漢字集合を中心とした約六千字種である。

ＪＩＳ第一水準漢字集合の字種である約三千字は、日本語における基本的な漢字の字種の集合であり、これには常用漢字表【平成二十二（二〇一〇）年、内閣告示。漢字の字種二一三六字とその字体、音訓とを一覧表としてまとめてある。昭和五十六（一九八一）年内閣告示の常用漢字表から五字が削除され、一九六字が追加された】の字種がすべて含まれている。これは一応、日常の文字生活の基底を支えている字種である。次いで第二水準漢字集合の字種約三千字は、それ以外の、現今の文字生活で必要とされると判断された字種の集合である。漢検1級は、これら第一水準と第二水準の漢字集合を中心とした約六千字種を出題対象としている。

具体的な問題の内容は、「短文中での漢字の読み書き、熟字訓・当て字、対義語・類義語、同音異字・同訓異字、国字、典拠のある四字熟語、故事・成語・諺」などであり、これらについて知識を持ち、文章中の文脈において正しく理解して読むことができ、かつ書くことができることなどが求められる。

国語の文章表記に関する歴史を振り返りながら、現今の状況について考え及ぶと、大きな節目は戦後の一連の国語施策にある。その一つは、歴史的仮名遣いを捨てて現代仮名遣いとしたこと、その一つは、漢字の字種を制限的に使用することを推進するために略字のある漢字はそれを採用し、また活字の形を日常の筆記の文字の形に近づけるなど、簡便化、便宜化を図り工夫した当用漢字表、当用漢字字体表、当用漢字音訓表を制定したことである。その他にも、送り仮名の付け方の準則を制定するなどがあった。これらは、日常の言語の生活、文字の生活において、相互にコミュニケーションを行う内容について、ある範囲に限定することであるので、一面では学習もしやすく能率化するという役割を果たした。これはこれで、意義があったとしなければならない。同時に、国語に蓄積されてきた言葉（語彙）、単純に言えば当用漢字表に掲げる漢字の字種以外の漢字（表外漢字）の字種により表されるあまたの言葉に関して、それは使ってはならないのか、平仮名で書かなければならないのかなどという問い、あるいは不満が出てくることになる。このようなことがあり、昭和四十年代から、これら戦後の一連の国語施策について見直しが行われ、その結果として当用漢字表などを廃し、新たに漢字使用の目安としての表、常用漢字表【昭和五十六（一九八一）年、内閣告示。字種一九四五字】を制定するなどの運びとなった。この頃、日本語ワードプロセッサーやパソコンが急速に発達したこともあり、これらに搭載するための「ＪＩＳ情報交換用漢字符号」の検討、作成も急ぎなされた。

このように見てくると、図式的ではあるが、今日の国語、言葉の世界においては、一方には、国民全体の共有財産としての国語という考え方に立ち、日常の文字生活の簡便化、能率化を図るという方向がある。例えば常用漢字表などの施策を通して、国民の共通の言葉のあり方を適切で穏当な範囲になるように計らい、相互のコミュニケーションをしやすくすることを指向する。もう一方には、そうした枠組みをそれほどに意識せず、個人の自由な営みとしての言葉の使用を重んじるという方向がある。そこでは言語文化の歴史や伝統を踏まえた、様々な言語空間を享受し、それを我がものとして体得するというような、大らかで活力のある、広範囲に及ぶ創造的な言語活動が展開されることになる。以上のような二つの方向を、思い描くことができる。

漢検2級までは、前者に対応するものであると位置づけられよう。準1級は前者から後者へと踏み出すものであり、1級において、個人の自由で豊かな言語の世界が切り拓かれ、展開することとなると思う。

漢検1級に挑戦するのは、自分の漢字力、ひいては国語の世界を充実させることなのであり、より文化的に向上する生活を目指した生涯学習の一階梯である。

目次

一 読み

解説

A 音読み

B 訓読み

C 熟字訓・当て字

D 熟語の読み・一字訓読み

一　読み

言葉がその中で生きて働く文章の文脈に即して漢字を読む力を養成すること、そこにこの章の眼目があります。漢字は意味も読みも一つだけとはかぎりません。文章の中で使われている漢字が担っている意味を的確に把握し、その意味に見合った音、訓で読むことが求められます。常に漢字の読みと意味を確認しながら語句を記憶し、読解のための実践的な語彙力を養ってください。

A　音読み

ＪＩＳ第一・第二水準に属する漢字のうち、常用漢字表に含まれる漢字以外の漢字（表外漢字）を中心に取り上げます。これは訓読みも同様です。漢字一字の読み方だけを覚えるよりも、熟語や成語・慣用句の形で漢字の意味を際立たせながら覚えていくと記憶にとどまりやすくなります。

例えば、「鈕釦に意匠を凝らす」の傍線部分の読みは「ちゅうこう」ですが、その音読みと同時に「鈕＝ボタン」「釦＝ボタン」という訓義が意識されていることが肝腎です。

また、漢字の字音は一字に対していくつもある場合が珍しくありません。「藉」の音読みは「シャ」「セキ」と二通りあります。「いたわる・なぐさめる」の意なら「シャ」で、「慰藉料を請求する」の場合がそれに相当します。また「ふむ・ふみにじる」の意なら「セキ」で、「狼藉を働く」がその一例になります。

B　訓読み

訓読みを覚える際には、その漢字が同じ意味で用いられている音読みの熟語も合わせて覚えることをすすめます。

例えば、「雲が出て日が翳る」における「翳る＝かげる」という訓に対応させて、「雲翳＝うんえい」という語を貯金しておきましょう。また、音読み同様、文脈によって訓を読み分けなければならない場合があります。例えば、「日が西の山に仄く（かたむく）」「仄か（ほのか）な物音がする」など。

C　熟字訓・当て字

「熟字訓」とは、熟語の訓読みの意味で、熟語を構成する漢字表記の全体に、一字一字の訓とは別のある種の訓読みをあてたものをいい、また「当て字」とは、漢字本来の意味とは関係なく、その音や訓を借りて和語・外来語の表記にあてたものをいいます。

熟字訓・当て字で表されるものは、自然現象、動植物、衣食住に関わるものなど多岐にわたりますが、総じて日本固有の歴史と風土・生活に結びついたものが多く、国字とともに、漢字を日本語に同化させてきた、国語史における先人の知恵と努力を偲ばせます。

例えば、「熨斗＝のし」「金糸雀＝カナリア」「土筆＝つくし」「豆腐皮＝ゆば」など、物事の性質や形状の特徴に由来するものが少なくないため、一字一字の字義と、それらの組み合わせから生まれる意味合いとを比較考量しながら覚えると記憶に残りやすくなります。

D 熟語の読み・一字訓読み

熟語の読み（音読み）と、熟語を構成する漢字の、その語義にふさわしい訓読みが問われます。熟語の読み方とその字義が不可分の関係にあることを改めて確認することになります。一つの漢字がいくつかの字義を含む場合が少なくなく、当該の熟語にどのような字義を適用すべきかを殊更に考える必要が出てきます。

熟語を構成する漢字の訓読みを使って、その熟語の意味が説明できるかどうか試してみましょう。

「佇立（ちょりつ）」→「たたずむ・たつ」、「怡悦（いえつ）」→「よろこぶ・よろこぶ」、「遐邇（かじ）」→「とおい・ちかい」というように。

読み
書き取り
対義語・類義語
四字熟語
故事・成語・諺
文章

問 次の傍線部分の読み（**音読み**）を**ひらがな**で記せ。

1 老婆は鷙鳥の如き眼差しで睨んだ。
2 兵站部に伝令を飛ばした。
3 諸侯が皇帝に朝覲する。
4 工事は荏苒として進捗しない。
5 リスは齧歯類に属する。
6 羈軛を脱して別世界の人となる。
7 武員を崇重し、文職を藐視した。
8 清水が潺湲と流れる。
9 粉齏せられて址だに留めなかった。
10 知事選への出馬を慫慂された。

標準解答

1	2	3	4	5	6	7	8	9	10
しちょう	へいたん	ちょうきん	じんぜん	げっし	きやく	びょうし	せんかん せんえん	ふんせい	しょうよう

11 巾幗の身をも忘れ奮い起った。
12 穹窿に杜鵑の行方を追う。
13 九天の雨潦一時に降るかと思われた。
14 肇国の記念日を休日とした。
15 飆風に砂が巻き上げられた。
16 北辺の鎖鑰を強化する。
17 油蟬の声が耳朶を打った。
18 足るを知る者は藜羹も膏粱より旨しとす。
19 騁望弋猟の事を廃す。
20 君、政を為すに鹵莽にすること勿れ。

11	12	13	14	15	16	17	18	19	20
きんかく	とけん	うろう	ちょうこく	ひょうふう	さやく	じだ	れいこう	ていぼう	ろもう

問 次の傍線部分の読み（**音読み**）を**ひらがな**で記せ。

1 倏忽として黒雲が空を覆った。
2 皁隷同然に遇された。
3 質素な午餉を摂る。
4 縷説するまでもなく明らかなことだ。
5 情勢について検覈を加える。
6 鼕鼕と太鼓が鳴り渡った。
7 詩行から贅肬を削ぎ落とす。
8 麈尾を手にした導師が語り始めた。
9 擣衣の音が旅愁を誘う。
10 縁に坐して簷滴を見る。

標準解答

1	2	3	4	5	6	7	8	9	10
しゅくこつ しゅっこつ	そうれい	ごしょう	るせつ	けんかく	とうとう	ぜいゆう	しゅび	とうい	えんてき

11 雨露の恩により萌糵が生ずる。
12 久しく各地に令尹を務めた。
13 山々の皺襞が際やかに見える。
14 スペイン駐箚大使として赴任した。
15 冪冪たる雲を貫き光が射した。
16 私家本の販売を書肆に託した。
17 議論は粗鹵にして誤謬が多い。
18 鰥寡孤独を愍れみ救う。
19 善悪を二つながら呑噬して憚らない。
20 室に忿嫉の声無く、和煦の色有り。

11	12	13	14	15	16	17	18	19	20
ほうげつ ぼうげつ	れいいん	しゅうへき	ちゅうさつ	べきべき	しょし	そろ	かんか	どんぜい	わく

問 次の傍線部分の読み（**音読み**）を**ひらがな**で記せ。

1 酒盞を傾けていい機嫌になった。
2 賊の闖入を防御する。
3 初めて膂力の衰えを自覚した。
4 早起盥漱して書案に向かう。
5 半生をかけて冤枉を雪いだ。
6 主に扈従して旅を続けた。
7 村の媼嫗の昔語りを聞く。
8 天子と社稷は運命を共にした。
9 一行の嚮導と保護とを任とする。
10 羶肉を日々の糧とした。

標準解答

1	2	3	4	5	6	7	8	9	10
しゅさん	ちんにゅう	りょりょく	かんそう	えんおう	こしょう こじゅう	おう う	しゃしょく	きょうどう	せんにく

11 燭を仏龕に点じた。
12 閘門を開閉して水位を調節する。
13 須臾の間も忘れることがなかった。
14 予々その狡黠が知れ渡っていた。
15 偃蹇たる松が枝を歎賞する。
16 銀子が厳重に苞裹してある。
17 無数の頭顱の先に凱旋将軍を見た。
18 隣国と干戈を交えることとなった。
19 智愚一視して畛畦を設けず。
20 杙を以て楹と為す。

11	12	13	14	15	16	17	18	19	20
ぶつがん	こうもん	しゅゆ	こうかつ	えんけん	ほうか	とうろ	かんか	しんけい	よく

問 次の傍線部分の読み（**音読み**）を**ひらがな**で記せ。

1 巫蠱神仏に惑溺する。
2 腹水の瀦溜が著しくなった。
3 嬖愛する臣下の言を用いる。
4 罪人を辺疆の戍卒に充てる。
5 嬋妍たる容姿は天女を思わせた。
6 首筋の癰疽を切除する。
7 声を上げ潸然と涙を流した。
8 松の根元に箕踞して海を眺めた。
9 矯めつ眇めつして品騭する。
10 心の中の塵埃や渣滓を吐き出す。

標準解答

1	2	3	4	5	6	7	8	9	10
ふこ	ちょりゅう	へいあい	じゅそつ	せんけん	ようそ	さんぜん	ききょ	ひんしつ	さし

11 右手に酒杯を持ち左手に蟹螯を持つ。
12 法を定めて禁遏を加える。
13 苑内で異国の禽獣を豢養した。
14 只管に富貴を徼幸する。
15 兜率天宮さながらの宮殿楼閣であった。
16 痛烈な詬罵を浴びせられた。
17 黒い繻子の衣を纏う。
18 烏鵲の橋の逢瀬を待つ。
19 松林の別墅で病を癒やした。
20 酒醴を作るとせば爾はこれ麴糵なり。

11	12	13	14	15	16	17	18	19	20
かいごう	きんあつ	かんよう	きょうこう ぎょうこう	とそつてん	こうば	しゅす	うじゃく うしゃく	べっしょ	しゅれい

問 次の傍線部分の読み**（音読み）**を**ひらがな**で記せ。

1 徳政を求めて嗷訴する。
2 孳孳として学業に勉励する。
3 手巾を目に当て欷歔するばかりである。
4 粛々と鹵簿は進んだ。
5 嫩緑の目にしみる時節となった。
6 帝国の乂安は徐々に失われた。
7 不腆ながら微意を表したい。
8 観衆に嗤笑されて身の置き所もない。
9 喟然として嘆息する外なかった。
10 野菜が庖厨に転がっている。

標準解答

1	2	3	4	5	6	7	8	9	10
ごうそ	じじ しし	ききょ	ろぼ	どんりょく	がいあん	ふてん	ししょう	きぜん	ほうちゅう

11 合格を抃躍して喜ぶ。
12 将軍を輔弼してその麾下にある。
13 饕餮厭くを知らざる人物であった。
14 恋情の羈縻を脱せんともがいた。
15 圧状ずくめに承知させる。
16 兵燹が全市を舐め尽くした。
17 諂諛を臚列した批評が多い。
18 凍餒に嘖まれながら行軍する。
19 杳然として天界高し。
20 山路葩卉繁く野田風日好し。

11	12	13	14	15	16	17	18	19	20
べんやく へんやく	きか	とうてつ	きび	おうじょう	へいせん	ろれつ	とうだい とうたい	ようぜん	はき

読み
書き取り
対義語・類義語
四字熟語
故事・成語・諺
文章

問 次の傍線部分の読み（**音読み**）を**ひらがな**で記せ。

1 酪漿と乳醋酒で渇きをいやした。
2 毛髪鬚髯共に薄栗毛色の人物である。
3 卓犖たる論として絶讃を博した。
4 嘉辰令月を揀択する。
5 改革の気運が澎湃として起こった。
6 都の大逵に呆然として佇立した。
7 容易なことで落ちる賊寨ではない。
8 比類なき丕績を残した。
9 印章を小篆で彫り上げる。
10 勖勉して経書に精通する。

標準解答

1	2	3	4	5	6	7	8	9	10
らくしょう	しゅぜん	たくらく	かんたく	ほうはい	たいき	ぞくさい	ひせき	しょうてん	きょくべん

11 あの大学者は僻陬の地に育った。
12 黔黎が鴻化に浴した。
13 策を帷幄の内に運らす。
14 輓近の世界情勢から眼が離せない。
15 戦力は大国に匹儔している。
16 眼前に崔嵬たる岩山が逼る。
17 胸中の恐懼が霧散した。
18 正岡子規の命日を獺祭忌という。
19 大風吹き起こりて牖戸を撲つ。
20 陰陽を燮理して靖寧を猷る。

11	12	13	14	15	16	17	18	19	20
へきすう	けんれい	いあく	ばんきん	ひっちゅう	さいかい	きょうく	だっさいき	ゆうこ	しょうり

問 次の傍線部分の読み（**音読み**）を**ひらがな**で記せ。

1 斯道の巨擘の名を縦にする。
2 眼前に千仞の崖がそそり立つ。
3 辺境遐壌に至るまで巡幸された。
4 埃氛に満ちた世を遁れる。
5 孱弱な軀で長途の旅に出る。
6 落日が五彩の虹霓を染めた。
7 寸暇を惜しんで黽勉する。
8 鞏固な意志をもつ必要がある。
9 武人の心をも震慴させた。
10 麦畑の嫩芽が目立ち始めた。

標準解答

1	2	3	4	5	6	7	8	9	10
きょはく	せんじん	かじょう	あいふん	せんじゃく	こうげい	びんべん	きょうこ	しんしょう	どんが

---

11 省みて愧赧の念にとらわれる。
12 棗脩を携えて入門を乞う。
13 山巓から霧が滑り降りてきた。
14 異国風の瑰麗な建物が目を引く。
15 先師の遺稿集に誄詞を寄せる。
16 近世の俳論を瀏覧する。
17 心静かに一盞を傾ける。
18 二豎虐を為す。
19 積弊の蕩滌に肺肝を摧く。
20 昊天成命あり。

11	12	13	14	15	16	17	18	19	20
きたん	そうしゅう	さんてん	かいれい	るいし	りゅうらん	いっさん	にじゅ	とうでき	こうてん

問 次の傍線部分の読み（**音読み**）を**ひらがな**で記せ。

1 嶮路を辿り開敞せる海水に達した。
2 波静かな浦に漁家蜑戸が連綴する。
3 古代の塋域に暫し佇んだ。
4 縲絏の辱めを受ける。
5 窓櫺を射る曙光が離床を促す。
6 鹹水を煎熬して食塩を精製する。
7 奕奕たる神女の幻を見た。
8 撃柝の音が夜道に響いた。
9 整然とした街衢が続く。
10 一度笑むと藹然たる和気が漂った。

標準解答

1	2	3	4	5	6	7	8	9	10
かいしょう	たんこ	えいいき	るいせつ	そうれい	せんごう	えきえき	げきたく	がいく	あいぜん

11 奸黠の徒が跋扈している。
12 目睹した者は少なくない。
13 瑇瑁の首飾りが出土した。
14 敻然たる彼方に灯火が見えた。
15 病を得て偃臥数旬に亘る。
16 岑岑たる頭に氷嚢をあてる。
17 東天に昇る朝暾を拝する。
18 已に呶呶を要しない。
19 四隣闃として眠れるがごとし。
20 舳艫千里、旌旗空を蔽う。

11	12	13	14	15	16	17	18	19	20
かんかつ	もくと	たいまい	けいぜん	えんが	しんしん	ちょうとん	どど	げき	じくろ

問 次の傍線部分の読み（**音読み**）を**ひらがな**で記せ。

1 雪風で旅人の輜重は埋没した。
2 執拗な推鞠にあった。
3 舅姑の機嫌を窺う。
4 氏の淹博な学識に驚嘆した。
5 世の哂笑を買う。
6 操觚界の見識が問われるところである。
7 髫齔よりして大器の片鱗を窺わせた。
8 諠鬧の巷を逃れ去る。
9 教会の鐘が鏗鏘と時を告げた。
10 裹頭の僧兵が狼藉を働く。

標準解答

1	2	3	4	5	6	7	8	9	10
しちょう	すいきく	きゅうこ	えんぱく	しんしょう	そうこ	ちょうしん	けんどう けんとう	こうそう	かとう

11 竈煙に燻された梁に家の歴史を見る。
12 邏卒が警備に駆り出された。
13 安佚遊治な生活を送る。
14 敵が侵入してきたところを邀撃した。
15 納税制度の釐正が求められる。
16 嫂の懐孕を喜ぶ。
17 朋党比周して擠陥讒誣を事とする。
18 棣鄂の情を全うする。
19 人皆七竅有りて視聴食息す。
20 山巓山腹白雪皚皚たり。

11	12	13	14	15	16	17	18	19	20
そうえん	らそつ	あんいつ	ようげき	りせい	かいよう	せいかん	ていがく	しちきょう	がいがい

問 次の傍線部分の読み（**音読み**）を**ひらがな**で記せ。

1 延袤万余里に及ぶ。
2 洛中に肆廛を構えた。
3 多くの衙門が建ち並ぶ。
4 玉露、朝暉に消ゆ。
5 大河の潤す膏腴なる大地である。
6 両作品にさしたる軒輊はない。
7 簒弑相次ぐ下剋上の世となった。
8 精根尽き果てるまで搏闘した。
9 短い生涯を怱忙の間に終えた。
10 羸馬に再び鞭を呉れる。

標準解答

1	2	3	4	5	6	7	8	9	10
えんぼう	してん	がもん	ちょうき	こうゆ	けんち	さんし さんしい	はくとう	そうぼう	るいば

11 領主の裔冑を名乗る者があった。
12 隠れもなき寧馨児である。
13 暇を偸んで倥偬の間に記した。
14 箕帚を携えて庭に向かう。
15 友の真情を忖度する。
16 偈を作って悟境を提示する。
17 既に墳塋の彼方の人である。
18 人心を蠹毒する虞がある。
19 螽斯は則ち百福の由りて興る所なり。
20 鳧脛短しといえども之をつがば則ち憂えん。

11	12	13	14	15	16	17	18	19	20
えいちゅう	ねいけいじ	こうそう	きそう きしゅう	そんたく	げ	ふんえい	とどく	しゅうし	ふけい

問　次の傍線部分の読み（**音読み**）を**ひらがな**で記せ。

1 両者の間に釁隙を生じた。

2 禍乱を戡定し四海を治める。

3 故人の斌斌たる人柄が偲ばれる。

4 浮萍が波間に漂っている。

5 人を払って耦語する。

6 仏前の龕灯が揺らぐ。

7 太孫が儲位に即いた。

8 珍しいお香を数炷焚いて聞き比べた。

9 譎詭や不正不義が蔓延っている。

10 金銀楮幣が広く流通した。

標準解答

1	2	3	4	5	6	7	8	9	10
きんげき	かんてい	ひんぴん	ふへい	ぐうご	がんとう	ちょい	すうしゅ	けっき	ちょへい

11 棕櫚縄で垣根を設える。

12 恋愛は人生の秘鑰であると言われる。

13 新帝即位の後、奎文大いに興った。

14 官職の黜陟の如きは眼中になかった。

15 古人の意を知って説懌する。

16 眉宇に鷙悍の気を漂わせる。

17 綢繆の情が桎梏となる。

18 周辺に陪冢数基を見る。

19 乱世の梟雄に相応しい末路を迎えた。

20 雲は心無くして以て岫を出でたり。

11	12	13	14	15	16	17	18	19	20
しゅろ	ひゃく	けいぶん	ちゅっちょく	えつえき	しかん	ちゅうびゅう	ばいちょう	きょうゆう	しゅう

問 次の傍線部分の読み（**音読み**）を**ひらがな**で記せ。

1 師の遺訓を服膺する。
2 講師は晨鐘と共に黌堂に赴いた。
3 懿旨により一寺が建立された。
4 月々の時評に椽大の筆を揮う。
5 凡そ誠愨ならざる者は無かった。
6 法廷で輸贏を争う。
7 陰に苞苴を収め便宜をはからせた。
8 爺娘妻子に別れを告げる。
9 馬に鞭って馳騁す。
10 瞿然としてその場に立ち竦んだ。

標準解答

1	2	3	4	5	6	7	8	9	10
ふくよう	こうどう	いし	てんだい	せいかく	しゅえい	ほうしょ	やじょう	ちてい	くぜん

11 紅裙を翻して艶やかに舞う。
12 世俗の塵埃にまみれた生活を送った。
13 一再ならず巻帙が綻んだ。
14 譴責されて俛首流涕する。
15 東瀛の島嶼を歴巡した。
16 酔漢が蹣跚と歩み過ぎた。
17 敬服に値する剴切な考えである。
18 開化の弊竇を逸早く洞見した。
19 邨醸野肴を一夕の饗応に充てる。
20 朝菌は晦朔を知らず、蟪蛄は春秋を知らず。

11	12	13	14	15	16	17	18	19	20
こうくん	じんあい	かんちつ	ふしゅ	とうえい	まんさん はんさん	がいせつ	へいとう	そんじょう	けいこ

問 次の傍線部分の読み（**音読み**）を**ひらがな**で記せ。

1 主君の乱行を諫諍する。

2 中納言の捐館の事を録した。

3 涙ながらに親子は分袂した。

4 他からの掣肘を受けない。

5 泛泛として身の置き所が定まらない。

6 生前の徳が称えられ諡号を賜った。

7 二人は伉儷の約を結んだ。

8 輦轂の下に一大祭典を催す。

9 紫がかった雲が靉靆と棚引く。

10 かつて昇汞を殺菌消毒に使用した。

標準解答

1	2	3	4	5	6	7	8	9	10
かんそう	えんかん	ぶんべい	せいちゅう	はんぱん	しごう	こうれい	れんこく	あいたい	しょうこう

11 虚誕妄説を排して、人心の蠱惑を払う。

12 理非曲直を甄別する。

13 廟謨顚倒して四海揺らぐ。

14 苦行の末、安心と怡楽に達した。

15 殄滅の宿運を免れなかった。

16 縉紳の居並ぶ席に列する。

17 警柝が場内に鳴り響いた。

18 奢侈軽薄は亡国の鴆毒となる。

19 雕琢して朴に復る。

20 枳棘は鸞鳳の棲む所に非ず。

11	12	13	14	15	16	17	18	19	20
こわく	けんべつ	びょうぼ	いらく	てんめつ	しんしん	けいたく	ちんどく	ちょうたく	ききょく

問 次の傍線部分の読み（**音読み**）を**ひらがな**で記せ。

1 殿には上廁の際にも護衛がついた。
2 醵金を募り記念碑を建てた。
3 輿論を提撕し伝統を擁護する。
4 提督はその官職を褫奪された。
5 成年に達し婚娶に至った。
6 いまだ厭飫するに至らない。
7 斯道の大家に贄を執る。
8 貂裘を身に纏う。
9 僉議する迄もない事である。
10 瀟灑な洋館に住む。

標準解答

1	2	3	4	5	6	7	8	9	10
じょうし	きょきん	ていせい ていぜい	ちだつ	こんしゅ	えんよ	し	ちょうきゅう	せんぎ	しょうしゃ

11 宮室を卑しくして力を溝洫に尽くす。
12 祭りの熱鬧に巻き込まれた。
13 警蹕の声が四囲に響き渡った。
14 実に人情に悖戻するものである。
15 稼穡怠らずおのずと産を成した。
16 真夏の如き溽暑が続く。
17 無辜の学問に弾圧があった。
18 巉巌峨峨として嶮岨を極めた。
19 薬石効なく溘焉として逝く。
20 女子は十有五にして笄す。

11	12	13	14	15	16	17	18	19	20
こうきょく	ねっとう ねつどう	けいひつ	はいれい	かしょく	じょくしょ	むこ	ざんがん	こうえん	けい

問 次の傍線部分の読み（**音読み**）を**ひらがな**で記せ。

1 酥二十壺を貢進した。

2 両三度の敗衄に屈しない。

3 特使は恰幅のよい赭髯の男だった。

4 今回の糶売では無比の逸品である。

5 屑々として錙銖の利を争う。

6 逆睹しがたい形勢である。

7 古の風儀は泯滅に帰した。

8 嚠喨たる鐘声が響き渡った。

9 関雎の楽しみを享受する。

10 病羸の身ながら毎日筆を執った。

標準解答

1	2	3	4	5	6	7	8	9	10
そ	はいじく	しゃぜん	ちょうばい	ししゅ	ぎゃくと げきと	びんめつ	りゅうりょう	かんしょ	びょうるい

11 鹵獲した兵器を使用する。

12 金的を射止め抃舞して喜ぶ。

13 現下の経済界は壅塞の極にある。

14 博学にして俊髦であると賞讃された。

15 轗軻にして数奇なる生涯を送った。

16 人工的な虚飾を擺脱する。

17 老臣が幼君を傅育した。

18 奕葉相承して今日に至る。

19 蔬食・菜羹と雖も必ず祭る。

20 過激にして、蜂蠆の毒に犯さるること毋れ。

11	12	13	14	15	16	17	18	19	20
ろかく	べんぶ	ようそく	しゅんぼう	かんか	はいだつ	ふいく	えきよう	さいこう	ほうたい

読み
書き取り
対義語・類義語
四字熟語
故事・成語・諺
文章

問 次の傍線部分の読み（**音読み**）を**ひらがな**で記せ。

1 罪咎の軽重を量る。
2 独酌する毎に一甕を尽くした。
3 謫落して跼蹐の日々を送る。
4 盗賊の首領を生擒し民衆の前に晒した。
5 托鉢僧が梵唄を唱える。
6 闔国の民が文明の恩沢に潤う。
7 天体の運行を考覈する。
8 糧餉が乏しくなった。
9 領や肘が垢膩に汚れていた。
10 咫尺を弁ぜざるほどの霧である。

標準解答

1	2	3	4	5	6	7	8	9	10
ざいきゅう	いちおう	きょくせき	せいきん	ぼんばい	こうこく	こうかく	りょうしょう	こうじ くに	しせき

11 堀割りが町を囲繞している。
12 蒼朮を飲み発汗を促す。
13 棺槨に花を供える。
14 愛弟子の駸駸たる上達ぶりに瞠目する。
15 斃死した旅人を荼毘に付する。
16 極秘のうちに籌策を廻らす。
17 神殿が真っ先に焼燬された。
18 巫覡の託宣に従う。
19 百骸九竅の中に物あり。
20 志士は溝壑に在るを忘れず。

11	12	13	14	15	16	17	18	19	20
いにょう いじょう	そうじゅつ	かんかく	しんしん	へいし	ちゅうさく	しょうき	ふげき	きゅうきょう	こうがく

問 次の傍線部分の読み（**音読み**）を**ひらがな**で記せ。

1 崎嶇たる道が延々と続く。
2 左袵蟹文の風を蔑んだ。
3 大纛に随従して本営に赴いた。
4 鶉衣百結の修行僧に喜捨する。
5 軍靴の音が戛戛と響いた。
6 雨に煙る遠巒を望む。
7 喞喞たる虫の声に耳を澄ます。
8 将軍の驍名が語り伝えられた。
9 昔の日記を篋底に秘する。
10 先代の遺孽の元に旧臣が馳せ参じた。

標準解答

1	2	3	4	5	6	7	8	9	10
きく	さじん	たいとう だいとう	じゅんい	かつかつ	えんらん	しょくしょく	ぎょうめい	きょうてい	いげつ

11 嬖臣の重用が朝政を乱した。
12 瞋恚の焔を胸宇に燃やす。
13 寺院の鐘が鏗鏗と鳴り響く。
14 廓寥とした秋の空だ。
15 事例の尠少な現象である。
16 両者の価値観に大きな罅隙がある。
17 詩稿に刪潤を加える。
18 官私を問わず翕然と新制度に循った。
19 寧ろ鶏鶩と争うを為さんか。
20 噴嚔する時は則ち人我を道う。

11	12	13	14	15	16	17	18	19	20
へいしん	しんい しんに	こうこう	かくりょう	せんしょう	かげき	さんじゅん	きゅうぜん	けいぼく	ふんてい

問　次の傍線部分の読み（**音読み**）を**ひらがな**で記せ。

1 湊を整備し舟楫の便を図った。
2 凶歉により徳政を布く。
3 ひと本の老杉が煢煢と立っていた。
4 膠の液に明礬を溶く。
5 瓊葩綉葉の春日に遊ぶ。
6 鈕釦に意匠が凝らしてある。
7 海内に兀立する強国となった。
8 窃かに赧然として羞じろんだ。
9 嶷然たる岩山が開かっている。
10 瀟洒な欧風家屋が連甍している。

標準解答

1	2	3	4	5	6	7	8	9	10
しゅうしゅう	きょうけん	けいけい	みょうばん	けいは	ちゅうこう	こつりつ ごつりつ	たんぜん	ぎょくぜん	れんぼう

11 両国間に釁端を啓く遠因となった。
12 詩的な頌辞を手向ける。
13 貧窶困阨の甚だしきに驚く。
14 自由平等の大旆を翳す。
15 潮は月の虧盈にしたがう。
16 丱角にして詩文に長じた。
17 先徳を聿修せんことを庶幾する。
18 涓滴も余さず飲み乾した。
19 道徳の標準彝倫は国民の常智常識なり。
20 吾人豈惆悵たらざるを得んや。

11	12	13	14	15	16	17	18	19	20
きんたん	しょうじ	こんやく	たいはい	きえい	かんかく	いっしゅう	けんてき	いりん	ちゅうちょう

問 次の傍線部分の読み（**音読み**）を**ひらがな**で記せ。

1 哲学の研究に孜孜として励んだ。
2 出土した器皿を展示する。
3 既に筆力扛鼎の域に達した。
4 寰中塞外ともに万歳を謳う。
5 諸諸の繋縛を斫断する。
6 非望を覬覦するの愚を犯していた。
7 嫡男が父の偏諱を継いだ。
8 水辺に欸乃の声を聞く。
9 疆界の内側は外国人居留地である。
10 衣裳は素襖、上下、熨斗目を用いた。

標準解答

1	2	3	4	5	6	7	8	9	10
しし	きべい	こうてい	かんちゅう	しゃくだん	きゆ	へんき	あいだい あいない	きょうかい	すおう

11 仏寺は古村里の庠序なり。
12 巧緻な文体で一家を機杼する。
13 園内の雑草を芟除する。
14 挙止蘊藉にして礼節がある。
15 自ら牙籌を執り経営に腐心した。
16 今敢行しなければ噬臍の悔いが残る。
17 作品に褒貶を加える。
18 潸潸たる涙が袂を濡らした。
19 鴃舌の人、先王の道を非とす。
20 人生は白駒の郤を過ぐるが若し。

11	12	13	14	15	16	17	18	19	20
しょうじょ	きちょ	さんじょ せんじょ	うんしゃ	がちゅう	ぜいせい	ほうへん	さんさん	げきぜつ	げき

問 次の傍線部分の読み（**音読み**）を**ひらがな**で記せ。

1 豺狼の如き無慈悲な行為だ。
2 盆栽が一掬の風流を醸し出している。
3 所従を伴い遠国の衙府に向かう。
4 炊爨の煙が漂ってきた。
5 嫋嫋たる秋草を画布全面に描く。
6 遐陬僻壌と雖も学校が設置された。
7 救い米が領内の窮民に贍給された。
8 仇讐の如く貴族階級を憎んだ。
9 嘖嘖たる名声に包まれている。
10 漆黒の雲鬢を梳る。

標準解答

1	2	3	4	5	6	7	8	9	10
さいろう	いっきく	がふ	すいさん	じょうじょう	かすう	せんきゅう	きゅうしゅう	さくさく	うんびん

---

11 煢然として独り身の生活を続けた。
12 巨大な丘垤が点在する。
13 聖母像に跪拝する。
14 岩壁を登攀して頂上に到った。
15 民衆の間から懽呼の声があがった。
16 疇昔の訓戒を服膺している。
17 幽邃の地に山墅を営む。
18 諂諛の文字を臚列して恥じない。
19 小人の交わりは甘きこと醴の若し。
20 妖孽は天の天子諸侯を戒むる所以なり。

11	12	13	14	15	16	17	18	19	20
けいぜん	きゅうてつ	きはい	とうはん とはん	かんこ	ちゅうせき	さんしょ	てんゆ	れい	ようげつ

B 訓読み

問 次の傍線部分の読み（**訓読み**）を**ひらがな**で記せ。

1 大きな人声、足音抔が聞こえた。
2 賞讃の声を吝しむものではない。
3 亡母遺愛の手匣である。
4 迥かに翠黛を望む。
5 深く罩める雨の奥に松が見える。
6 寔に寛仁大度の人物である。
7 慭面倒を見るから甘える。
8 酒肴を齎して旧知を訪う。
9 異国の風に倣う。
10 欅や檜や櫟の疎林を散策した。

標準解答

1	2	3	4	5	6	7	8	9	10
など	お	てばこ	はる	こ	まこと	なまじ なまじい	もたら	なら	けやき

11 揣摩憶測を逞しくする。
12 鯢の多くは沼沢に棲息する。
13 痞えに悩む上臈を思わせる。
14 沢の流れで米を精げる。
15 両者の見解には纔かな差異がある。
16 経始亟やかなる勿れ。
17 啄木鳥の子は卵から頷く。
18 或いは黜け或いは放つ。
19 槊を横たえて詩を賦す。
20 君主安泰、民心渝わるところなし。

11	12	13	14	15	16	17	18	19	20
たくま	さんしょううお	つか	しら	わず	すみ	うなず	しりぞ	ほこ	か

問　次の傍線部分の読み（**訓読み**）を**ひらがな**で記せ。

1 唐詩数首を諷んじる。

2 持ち前の冒険心が滾ってきた。

3 萁を燃やして煮炊きをする。

4 蘚を踏み樹海を進んだ。

5 分与して纔かに羸った。

6 組織に罅割れが生じている。

7 志を同じくする儔ではない。

8 篩った黄粉を餅に付ける。

9 秣場で一汗流した。

10 腥い風が戦場を吹き過ぎる。

標準解答

1	2	3	4	5	6	7	8	9	10
そら	たぎ	まめがら	こけ	あま	ひびわ	ともがら	ふる	まぐさば	なまぐさ

11 井戸茶碗の鰄に見処があった。

12 人の心を擽るものがある。

13 蘖が風雨に耐えて成長を続けた。

14 饐えた臭気が鼻を突く。

15 神社の参道に幟が林立している。

16 需は孚あり、おおいに亨る。

17 小人の過ちは必ず文る。

18 鵠を刻して成らざるも尚鶩に類す。

19 烈士は名に徇う。

20 不虞に備えずんば、以て師すべからず。

11	12	13	14	15	16	17	18	19	20
かいらぎ	くすぐ	ひこばえ	す	のぼり	まこと	かざ	あひる	したが	いくさ

問 次の傍線部分の読み（**訓読み**）を**ひらがな**で記せ。

1 帰宅してひとまず框に腰を下ろした。
2 椴松で出来た大机を据える。
3 心に蟠りがあり執筆が捗らない。
4 蠹のように経文を唱える。
5 耳目嫺わざる新知識に触れる。
6 熱り立って不満をぶつけた。
7 家郷を離れて辺境を戍った。
8 肉を串に刺して榾火で焼く。
9 尚武の風が頽れ廃れた。
10 愆ちを繰り返したのを悔いた。

標準解答

1	2	3	4	5	6	7	8	9	10
かまち	とどまつ	わだかま	うわごと	なら	いき	まも	ほたび ほだび	くず	あやま

11 襟首に兜の錣ずれの痕がある。
12 苦境から軈て抜け出ることができよう。
13 木を伐って桴に編む。
14 霾る中を夕日が没する。
15 暴政の軛から逃れる。
16 燠かなれば則ち趨く。
17 楚の羸きは、それ我を誘うなり。
18 餽るに砂金一封を以てす。
19 頭を微にして幽を闡く。
20 善行蒼穹を挌ち天福を以て之に報ゆ。

11	12	13	14	15	16	17	18	19	20
しころ	やが	いかだ	つちふ	くびき	あたた	よわ	おく	ひら	う

問 次の傍線部分の読み（**訓読み**）を**ひらがな**で記せ。

1 糵を栽培して商う。
2 岩肌を摸りハーケンを打ち込む。
3 石の鏃が大量に出土した。
4 曲訖われば更に曲を呈す。
5 書斎で独り擅な空想に浸る。
6 心を原ねて罪を定む。
7 粳を常食の米とする。
8 子孫世に伝え、福禄疆りなし。
9 郷里から笹粽が送られてきた。
10 土を耕し、植え、耘り、収穫する。

標準解答

1	2	3	4	5	6	7	8	9	10
もやし	さぐ	やじり	お	ほしいまま	たず	うるち うる	かぎ	ささちまき	くさぎ

11 粗栲の衣を身に纏っている。
12 恥ずかしげに扇を翳す。
13 木橋を毀ち鉄橋を架けた。
14 雪景色を見る為に蔀戸をあげさせた。
15 彝倫の道、既に民に浹し。
16 燧を鑽りて火を改む。
17 荷花落日、紅酣なり。
18 藐々たる昊天克く鞏からざる無し。
19 訐きて以て直と為す者を悪む。
20 尸禄殃を貽し負乗悔を招く。

11	12	13	14	15	16	17	18	19	20
あらたえ	かざ	こぼ	しとみど	あまね	き	たけなわ	かた	あば	のこ

問 次の傍線部分の読み（**訓読み**）を**ひらがな**で記せ。

1 遉に横綱の相撲は見応えがあった。

2 坐を正しくして扣えている。

3 忽ちオペラの俘となった。

4 燭を剪り机上を明るくした。

5 会員達は一齣議論を交わした。

6 香を焚いて穢れを祓う。

7 贐の詩を贈る。

8 兄嫁と諧らぎ暮らした。

9 蔦や槭が茂る山道に分け入った。

10 蕚に繊毛が密生している。

標準解答

1	2	3	4	5	6	7	8	9	10
さすが	ひか	とりこ	き	ひとくさり	けが	はなむけ	やわ	かえで	うてな

11 風は恬らかで浪は静かだ。

12 不遇の境涯を喞つ。

13 尽れた晩秋の野に佇む。

14 樹々を嬲る嵐が紅葉を散らした。

15 鮠の群れが涼しげに川底を行き来した。

16 鼎を武蔵の地に奠む。

17 仲尼亟水を称う。

18 嚔る時は則ち人の我を道う。

19 月に一鶏を攘み以て来年を待つ。

20 舌端の孼いは楚鉄より惨し。

11	12	13	14	15	16	17	18	19	20
やす	かこ	すが	なぶ	はや はえ	さだ	しばしば	はなひ	ぬす	わざわ

問 次の傍線部分の読み（**訓読み**）を**ひらがな**で記せ。

1 独活を饅にして一献ふるまう。
2 針金を円く綰ねて両端を縒り合わせる。
3 記憶の中の娘の姿は璞のままだ。
4 福は徼むべからず。
5 心を繋ぐ轄となる。
6 尾大掉わざるの憾みがある。
7 白い霧の帷に包まれた。
8 白布を川の流れに醂す。
9 窃かに隣国に入り込んだ。
10 年寄りの言うことと牛の鞦は外れたことがない。

標準解答

1	2	3	4	5	6	7	8	9	10
ぬた	わが	あらたま	もと	くさび	ふる	とばり	さわ	ひそ	しりがい

11 艾はヨモギを乾燥させて作る。
12 事実と想像を綯い交ぜにして語る。
13 弓弭の調を献上する。
14 楓に鶸色の若葉が萌え出た。
15 朧に薄紅の螺鈿を鏤る。
16 啻に学問のみならず、武芸にも長ず。
17 衆口は金を鑠かす。
18 地を画して趨る。
19 子、罕に利と命と仁とを言う。
20 俗を斉え弊を拯い、民嘉せざるなし。

11	12	13	14	15	16	17	18	19	20
もぐさ	な	みつぎ	ひわいろ	ほ・え	ただ	と	はし	まれ	すく

問 次の傍線部分の読み（**訓読み**）を**ひらがな**で記せ。

1 燧の音に送り出される。

2 日を重ね月を踰え遠国まで旅を続けた。

3 藜の杖を常用している。

4 衵姿の童女が現れた。

5 秘伝の釉を調える。

6 またぞろ蕩心が熾んになる。

7 道具箱から鏝を取り出す。

8 己をもって人を揣る。

9 楝は夏に用いる襲の色目の一つである。

10 君子の才華は、玉韞め玉蔵すが如くすべし。

標準解答

1	2	3	4	5	6	7	8	9	10
ひうち	こ	あかざ	あこめ	うわぐすり	さか	こて	はか おしはか	おうち	おさ

11 ミネルヴァの梟は知恵の象徴とされる。

12 星を覘って農時を知る。

13 船は纜を解き、岸を離れた。

14 愛海 天に滔り、邪山 日を遮る。

15 努力した弟を犒う。

16 忠臣孝子が一門に萃まる。

17 気霽れて風新柳の髪を梳る。

18 羝羊、藩に触れて進退谷まる。

19 一善自ら千災を禳うに足る。

20 陳ねて後矯めんとすれば枝折れ枯れ凋む。

11	12	13	14	15	16	17	18	19	20
ふくろう	うかが	ともづな	はびこ	ねぎら	あつ	は	まがき	はら	ひ

問 次の傍線部分の読み（**訓読み**）を**ひらがな**で記せ。

1 広くて邃い館に招じ入れられた。
2 領主は恣な生活を送った。
3 逞しい肉叢が汗で光っている。
4 声音吁として怕る可し。
5 機織りの筬の音だけが聞こえる。
6 鬮に当たった者が役に就いた。
7 親兄弟に絆しを打たれる。
8 悪政は世の条理を紊れさせる。
9 朮を焚く匂いが漂ってくる。
10 燥ぎすぎの気味がある。

標準解答

1	2	3	4	5	6	7	8	9	10
おくぶか	ほしいまま	ししむら	おそ	おさ	くじ	ほだ	みだ	おけら うけら	はしゃ

11 鵺的な人物であると蔑まれた。
12 幻の逸品を覓める。
13 檣の折れた船が発見された。
14 一頻り続いた哢りが止んだ。
15 哺乳類にも蹼をもつものがある。
16 恪かなれば人離るべし。
17 兄弟牆に鬩げども外其の務りを禦ぐ。
18 貨悖りて入る者は亦悖りて出ず。
19 恩光に照らされ徳沢に沾う。
20 貧にして諂うこと無く、富みて驕ること無し。

11	12	13	14	15	16	17	18	19	20
ぬえ	もと	ほばしら	さえず	みずかき	やぶさ	せめ	もと	うるお	へつら

読み
書き取り
対義語・類義語
四字熟語
故事・成語・諺
文章

問 次の傍線部分の読み（**訓読み**）を**ひらがな**で記せ。

1 大鋸屑を圧縮して板にする。
2 堂内に妖気が漾う。
3 作法について諄諄と説明する。
4 軍功により大佐に躋った。
5 小包をひもで紮げる。
6 これで凫がついた。
7 輻が轂に輳まる。
8 樟は虫害に強く建築・家具材に用いる。
9 鬣を靡かせて獅子が走った。
10 若くして極官に陞った。

標準解答

1	2	3	4	5	6	7	8	9	10
おがくず	ただよ	くどくど	のぼ	から	けり	あつ	くす くすのき	たてがみ	のぼ

11 秋風が吹き簟を巻いて片付ける。
12 鯔背な法被姿で練り歩く。
13 万葉集の名歌を鈔す。
14 庇う物を蟎が食う。
15 とめどなく財貨を饕る。
16 僮僕歓び迎え、稚子門に候つ。
17 洞庭濬しと雖も之をたのむ者はやぶる。
18 善賈を求めて諸を沽らんか。
19 苗の莠有るが若し。
20 百足の虫は死に至るも僵れず。

11	12	13	14	15	16	17	18	19	20
たかむしろ	いなせ	うつ	だに	むさぼ	ま	ふか	う	はぐさ	たお

問　次の傍線部分の読み（**訓読み**）を**ひらがな**で記せ。

1 人を貶んだような態度をとる。
2 髻を切って聖に随った。
3 悴む手を擦り合わせる。
4 夕暮れの長い畷道は淋しさを誘う。
5 憔れが目立つが品位を失わない。
6 礑と思い当たった。
7 人を蔑するにも程がある。
8 歉らぬ思いは揩うべくもない。
9 嘸大変であったろう。
10 遽しい足音が通り過ぎた。

標準解答

1	2	3	4	5	6	7	8	9	10
さげす	もとどり	かじか	なわてみち	やつ	はた はった	なみ	ぬぐ	さぞ	あわただ

11 糧食を裹んで出立した。
12 心中を目顔で愬えている。
13 侮辱されたことを深く銜んでいる。
14 門を入りて諱を問う。
15 鱗を刮げてから筒切りにした。
16 国を敗り民を殄くす。
17 吾これを售り人これを取る。
18 備に遺留品を調査した。
19 目を遊ばし懐いを騁する所以なり。
20 貧乏の外は身心を窘しめるものはなかった。

11	12	13	14	15	16	17	18	19	20
つつ	うった	ふく	いみな	こそ	つ	う	つぶさ	は	くる

問 次の傍線部分の読み（**訓読み**）を**ひらがな**で記せ。

1 腕を拱きて大海に対す。
2 縁が綺麗に縢ってある。
3 切りがよいので莨にしよう。
4 饒かに雅味を帯びている。
5 毎月朔日に墓前に莅む姿が見られた。
6 鱟の生態を調査した。
7 あの駄作を敢えて論うことはない。
8 拇ほどの大きさだった。
9 榱の年輪測定により建築年代が判明した。
10 天恵の博く百姓に洽からんことを願う。

標準解答

1	2	3	4	5	6	7	8	9	10
こまぬ こまね	かが	たばこ	ゆた	のぞ	かぶとがに	あげつら	おやゆび	たるき	あまね

11 王の遺徳を称え誄を奉った。
12 南山を錮ぐと雖も猶隙有り。
13 薫風が湖上の漣を砕いた。
14 菘は春の七草の一つである。
15 将軍の偉略により渠帥は殪れた。
16 車甚だ沢あれば、人必ず瘁る。
17 法正しければ則ち民愨む。
18 人に誨えて倦まず。
19 福いは眥に盈たず、禍いは世に溢る。
20 雨を冒して韮を翦る。

11	12	13	14	15	16	17	18	19	20
しのびごと	ふさ	さざなみ	すずな	たお	つか	つつし	おし	まなじり	き

問 次の傍線部分の読み（**訓読み**）を**ひらがな**で記せ。

1 疾しさの念を払拭できない。
2 土が水を渾している。
3 鵙がけたたましく啼いた。
4 粽が程好く蒸し上がった。
5 咸当年の儁豪であった。
6 将軍の麾く所に一糸乱れず従う。
7 筵旗を立てて嗷訴に及ぶ。
8 藤蔓を箍とした桶を使っていた。
9 心労により体軀まで窶れた。
10 両国商運を相争うに暨んだ。

標準解答

1	2	3	4	5	6	7	8	9	10
やま	にご	もず	ちまき	みな	さしまね	むしろばた	たが	やつ	およ

11 萍の生活を余儀なくされる。
12 贏ち得たり青楼薄倖の名。
13 寒風の中を跼って歩く。
14 川に沿って広い磧が続く。
15 夷を攘う騎馬軍が西を目指した。
16 嚮に催された展覧会が物議を醸した。
17 人知らずして慍らず。
18 轅を北にして楚にゆく。
19 片言 獄を折む。
20 霤は三途の川。

11	12	13	14	15	16	17	18	19	20
うきくさ	か	せぐくま せくぐま	かわら	はら	さき	いか	ながえ	さだ	あまだれ

C 熟字訓・当て字

問 次の**熟字訓・当て字**の読みを記せ。なお、**18〜20**は**国名・地名**である。

1 縮緬
2 孑孒
3 鳳尾松
4 罌粟
5 映日果
6 二合半
7 褞袍
8 蟀谷
9 雲脂
10 連枷

標準解答

1	2	3	4	5	6	7	8	9	10
ちりめん	ぼうふら ぼうふり	そてつ	けし	いちじく	こなから	どてら	こめかみ	ふけ	からさお からざお

11 天鵝絨
12 栄螺
13 海鞘
14 氷下魚
15 金雀児
16 虎魚
17 踏鞴
18 牛津
19 諾威
20 牙買加

11	12	13	14	15	16	17	18	19	20
ビロード	さざえ	ほや	こまい	エニシダ	おこぜ	たたら	オックスフォード	ノルウェー	ジャマイカ

問 次の**熟字訓・当て字**の**読み**を記せ。なお、**18～20**は**国名・地名**である。

1 山茶
2 蕃椒
3 型録
4 羊栖菜
5 柳葉魚
6 狼煙
7 紙魚
8 海豹
9 大角豆
10 朱欒

標準解答

1	2	3	4	5	6	7	8	9	10
つばき	とうがらし	カタログ	ひじき	ししゃも	のろし	しみ	あざらし	ささげ ささぎ	ザボン

11 水蠆
12 胡頽子
13 螻蛄
14 鬼灯
15 鶏魚
16 通草
17 東雲
18 墨西哥
19 羅府
20 白耳義

11	12	13	14	15	16	17	18	19	20
やご	ぐみ	けら おけら	ほおずき	いさき	あけび	しののめ	メキシコ	ロサンゼルス	ベルギー

問 次の**熟字訓・当て字の読み**を記せ。なお、**18**～**20**は**国名・地名**である。

1 海蘿
2 紅娘
3 車前草
4 燭魚
5 秋桜
6 樹懶
7 告天子
8 牛膝
9 蚯蚓
10 忍冬

標準解答

1	2	3	4	5	6	7	8	9	10
ふのり	てんとうむし	おおばこ	はたはた	コスモス	なまけもの	ひばり	いのこずち	みみず	すいかずら

11 善知鳥
12 蝦蛄
13 金糸雀
14 木賊
15 翻車魚
16 坩堝
17 行器
18 哀瓜多
19 孟買
20 伯林

11	12	13	14	15	16	17	18	19	20
うとう	しゃこ	カナリア	とくさ	まんぼう(ざめ) うき(ぎ)	るつぼ	ほかい	エクアドル	ムンバイ ボンベイ	ベルリン

問 次の**熟字訓・当て字**の**読み**を記せ。なお、**18〜20**は**国名・地名**である。

1 玫瑰
2 舎人
3 慈姑
4 魚狗
5 沙蚕
6 煙管
7 肉刺
8 繍眼児
9 木槿
10 後朝

標準解答

1	2	3	4	5	6	7	8	9	10
はまなす はまなし	とねり	くわい	かわせみ	ごかい	キセル	まめ	めじろ	むくげ もくげ	きぬぎぬ

11 海鼠
12 只管
13 飯匙倩
14 馬陸
15 枳殻
16 蟒蛇
17 仮漆
18 葡萄牙
19 丁抹
20 緑威

11	12	13	14	15	16	17	18	19	20
なまこ	ひたすら	はぶ	やすで	からたち	うわばみ	ニス ワニス	ポルトガル	デンマーク	グリニッジ

問 次の**熟字訓・当て字の読み**を記せ。なお、**18〜20**は**国名・地名**である。

1 沢瀉
2 公魚
3 山毛欅
4 虎杖
5 聒聒児
6 飛白
7 蜚蠊
8 泛子
9 九面芋
10 矮鶏

標準解答

1	2	3	4	5	6	7	8	9	10
おもだか	わかさぎ	ぶな	いたどり	くつわむし	かすり	ごきぶり あぶらむし	うき	やつがしら	チャボ

11 覆盆子
12 猟虎
13 海鷂魚
14 水雲
15 自鳴琴
16 珠鶏
17 石決明
18 塞爾維
19 紐育
20 瑞西

11	12	13	14	15	16	17	18	19	20
いちご	らっこ	えい	もずく	オルゴール	ほろほろちょう	あわび	セルビア	ニューヨーク	スイス

問 次の**熟字訓・当て字**の**読み**を記せ。なお、**18**〜**20**は**国名・地名**である。

1 繁縷
2 海扇
3 四阿
4 耶悉茗
5 蝲蛄
6 驀地
7 年魚
8 馴鹿
9 生絹
10 玉筋魚

標準解答

1	2	3	4	5	6	7	8	9	10
はこべ はこべら	ほたてがい	あずまや	ジャスミン	ざりがに	まっしぐら	あゆ	トナカイ	すずし	いかなご

11 殺陣
12 角子
13 醬蝦
14 秧鶏
15 辛夷
16 木天蓼
17 吃逆
18 威内斯
19 芬蘭
20 寿府

11	12	13	14	15	16	17	18	19	20
たて	みずら	あみ	くいな	こぶし	またたび	しゃっくり	ベニス ベネチア	フィンランド	ジュネーブ

問 次の**熟字訓・当て字の読み**を記せ。なお、**18～20**は**国名・地名**である。

1 鷦鷯
2 魚籠
3 石竜子
4 縹緻
5 翻筋斗
6 檸檬
7 赤楝蛇
8 壁蝨
9 信天翁
10 木菟

標準解答

1	2	3	4	5	6	7	8	9	10
みそさざい	びく	とかげ	きりょう	もんどり	レモン	やまかがし	だに	あほうどり	みみずく このはずく

11 蛤仔
12 梭子魚
13 熨斗
14 胡籙
15 仕舞屋
16 高襟
17 黄楊
18 雪特尼
19 聖林
20 阿耳蘭

11	12	13	14	15	16	17	18	19	20
あさり	かます	のし	やなぐい	しもたや しもうたや	ハイカラ	つげ	シドニー	ハリウッド	アイルランド

問 次の**熟字訓・当て字**の**読み**を記せ。なお、**18**〜**20**は**国名・地名**である。

1 拳螺
2 梔子
3 哨吶
4 豆娘
5 百舌
6 花楸樹
7 海驢
8 羊駝
9 鬼頭魚
10 酸漿

標準解答

1	2	3	4	5	6	7	8	9	10
さざえ	くちなし	チャルメラ チャルメル	いととんぼ	もず	ななかまど	あしか	ラマ	しいら	ほおずき

11 天牛
12 香蕈
13 虎耳草
14 裲襠
15 皁莢
16 瓢虫
17 狗母魚
18 華盛頓
19 埃及
20 維也納

11	12	13	14	15	16	17	18	19	20
かみきりむし かみきり	しいたけ	ゆきのした	うちかけ	さいかち	てんとうむし	えそ	ワシントン	エジプト	ウィーン

問 次の**熟字訓・当て字**の**読み**を記せ。なお、**18**〜**20**は**国名・地名**である。

1 蝙蝠
2 天蚕糸
3 小火
4 青花魚
5 海参
6 馬尾藻
7 豪猪
8 木乃伊
9 怪鴟
10 顳顬

標準解答

1	2	3	4	5	6	7	8	9	10
こうもり	てぐす	ぼや	さば	いりこ	ほんだわら	やまあらし	ミイラ	よたか	こめかみ

11 水爬虫
12 羊歯
13 鹿尾菜
14 細魚
15 肌理
16 甘蕉
17 馬酔木
18 西蔵
19 澳門
20 新嘉坡

11	12	13	14	15	16	17	18	19	20
たがめ	しだ	ひじき	さより	きめ	バナナ	あせび あしび	チベット	マカオ	シンガポール

問 次の**熟字訓・当て字**の**読み**を記せ。なお、**18〜20**は**国名・地名**である。

1 浮塵子
2 直衣
3 莫大小
4 瓊脂
5 牛尾魚
6 糸葱
7 雪花菜
8 守宮
9 風信子
10 掏摸

標準解答

1	2	3	4	5	6	7	8	9	10
うんか	のうし	メリヤス	ところてん	こち	あさつき	おから きらず	やもり	ヒヤシンス	すり

11 青竜蝦
12 翌檜
13 大口魚
14 蜀魂
15 三和土
16 鱲子
17 老海鼠
18 巴達
19 瑞典
20 莫斯科

11	12	13	14	15	16	17	18	19	20
しゃこ	あすなろ あすなろう	たら	ほととぎす	たたき	からすみ	ほや	バグダッド	スウェーデン	モスクワ

問 次の**熟語の読み**（**音読み**）と、その**語義**にふさわしい**訓読み**を（送りがなに注意して）**ひらがな**で記せ。

〈**例**〉健勝……勝れる → けんしょう／すぐ

ア 1 衛戍……2 戍る
イ 3 麾扇……4 麾く
ウ 5 呵譴……6 譴める
エ 7 陋巷……8 陋い
オ 9 薨去……10 薨る
カ 11 糜爛……12 糜れる
キ 13 淬礪……14 淬ぐ
ク 15 愆戻……16 愆る
ケ 17 燔書……18 燔く
コ 19 諧謔……20 謔れる

標準解答

ア		イ		ウ		エ		オ		カ		キ		ク		ケ		コ	
1	2	3	4	5	6	7	8	9	10	11	12	13	14	15	16	17	18	19	20
えいじゅ	まも	きせん	さしまね	かけん	とが（せ）	ろうこう	せま	こうきょ	みまか	びらん	ただ	さいれい	にら	けんれい	あやま	はんしょ	や	かいぎゃく	たわむ

サ 21 攫取……22 攫む
シ 23 指嗾……24 嗾す
ス 25 殄滅……26 殄きる
セ 27 富贍……28 贍りる
ソ 29 勍敵……30 勍い
タ 31 肄業……32 肄う
チ 33 吶喊……34 喊ぶ
ツ 35 斫断……36 斫る
テ 37 杳渺……38 杳か
ト 39 鐫録……40 鐫る

サ		シ		ス		セ		ソ		タ		チ		ツ		テ		ト	
21	22	23	24	25	26	27	28	29	30	31	32	33	34	35	36	37	38	39	40
かくしゅ	つか	しそう	そそのか	てんめつ	つ	ふうせん（ふせん）	た	けいてき	つよ	いぎょう	なら	とっかん	さけ	しゃくだん	き	ようびょう	はる	せんろく	ほ・え

問 次の**熟語の読み**（**音読み**）と、その**語義**にふさわしい**訓読み**を（送りがなに注意して）**ひらがな**で記せ。

ア 1 簒逆……2 簒う
イ 3 噬臍……4 噬む
ウ 5 詆毀……6 詆る
エ 7 佩剣……8 佩びる
オ 9 婀娜……10 婀やか
カ 11 耘耕……12 耘る
キ 13 邀撃……14 邀える
ク 15 綢繆……16 綢う
ケ 17 英雋……18 雋れる
コ 19 黜陟……20 黜ける

標準解答

ア		イ		ウ		エ		オ		カ		キ		ク		ケ		コ	
1	2	3	4	5	6	7	8	9	10	11	12	13	14	15	16	17	18	19	20
さんぎゃく	うば	ぜいせい	か	ていき	そし	はいけん	お	あだ	たお	うんこう	くさぎ	ようげき	むか	ちゅうびゅう	まと	えいしゅん	すぐ	ちゅっちょく	しりぞ

サ 21 嗤笑……22 嗤う
シ 23 輓馬……24 輓く
ス 25 搴旗……26 搴る
セ 27 浚渫……28 浚う
ソ 29 嬋妍……30 妍しい
タ 31 赧顔……32 赧める
チ 33 均霑……34 霑う
ツ 35 舂炊……36 舂く
テ 37 瑩徹……38 瑩らか
ト 39 聚斂……40 聚める

サ		シ		ス		セ		ソ		タ		チ		ツ		テ		ト	
21	22	23	24	25	26	27	28	29	30	31	32	33	34	35	36	37	38	39	40
ししょう	あざわら わら	ばんば	ひ	けんき	と	しゅんせつ	さら	せんけん	うつく	たんがん	あから	きんてん	うるお	しょうすい	うすつ づ	えいてつ	あき	しゅうれん	あつ

問 次の**熟語の読み**（**音読み**）と、その**語義**にふさわしい**訓読み**を（送りがなに注意して）**ひらがな**で記せ。

ア　1 仄日……2 仄く

イ　3 賚賜……4 賚う

ウ　5 爨室……6 爨ぐ

エ　7 躋攀……8 躋る

オ　9 燮理……10 燮げる

カ　11 憔悴……12 憔れる

キ　13 截然……14 截る

ク　15 戡定……16 戡つ

ケ　17 象嵌……18 嵌める

コ　19 敻絶……20 敻か

標準解答

ア		イ		ウ		エ		オ	
1	2	3	4	5	6	7	8	9	10
そくじつ	かたむ	らいし	たま	さんしつ	かし	せいはん	のぼ	しょうり	やわら

カ		キ		ク		ケ		コ	
11	12	13	14	15	16	17	18	19	20
しょうすい	やつ	せつぜん	き	かんてい	か	ぞうがん・ぞうかん	ちりば・は	けいぜつ	はる

サ　21 猜忌……22 猜む

シ　23 菲徳……24 菲い

ス　25 賑恤……26 恤む

セ　27 擺脱……28 擺く

ソ　29 遒勁……30 遒い

タ　31 朝覲……32 覲える

チ　33 燻蒸……34 燻す

ツ　35 竦然……36 竦れる

テ　37 饕餮……38 饕る

ト　39 窘迫……40 窘しむ

サ		シ		ス		セ		ソ	
21	22	23	24	25	26	27	28	29	30
さいき	そね・ねた	ひとく	うす	しんじゅつ	めぐ	はいだつ	ひら	しゅうけい	つよ

タ		チ		ツ		テ		ト	
31	32	33	34	35	36	37	38	39	40
ちょうきん	まみ	くんじょう	いぶ	しょうぜん	おそ	とうてつ	むさぼ	きんぱく	くる

問 次の**熟語の読み**（**音読み**）と、その**語義**にふさわしい**訓読み**を（送りがなに注意して）**ひらがな**で記せ。

ア 1 擣碪……2 擣つ
イ 3 芟除……4 芟る
ウ 5 秉燭……6 秉る
エ 7 勠力……8 勠せる
オ 9 輟食……10 輟める
カ 11 嶷立……12 嶷い
キ 13 儁傑……14 儁れる
ク 15 屯蹇……16 蹇む
ケ 17 貽訓……18 貽す
コ 19 忸怩……20 忸じる

標準解答

ア		イ		ウ		エ		オ		カ		キ		ク		ケ		コ	
1	2	3	4	5	6	7	8	9	10	11	12	13	14	15	16	17	18	19	20
とうちん	う	さんじょ せんじょ	か	へいしょく	と	りくりょく	あわ	てっしょく	とど や	ぎょくりつ	たか	しゅんけつ	すぐ	ちゅんけん	なや	いくん	のこ	じくじ	は

サ 21 鑿井……22 鑿つ
シ 23 褫魄……24 褫う
ス 25 推覈……26 覈べる
セ 27 抉剔……28 剔る
ソ 29 虧盈……30 虧ける
タ 31 憑依……32 憑く
チ 33 吮疽……34 吮う
ツ 35 炷香……36 炷く
テ 37 懿親……38 懿しい
ト 39 饌米……40 饌える

サ		シ		ス		セ		ソ		タ		チ		ツ		テ		ト	
21	22	23	24	25	26	27	28	29	30	31	32	33	34	35	36	37	38	39	40
さくせい	うが	ちはく	うば	すいかく	しら	けってき	えぐ	きえい	か	ひょうい	つ	せんそ せんしょ	す	しゅこう	た	いしん	うるわ	せんまい	そな

問　次の**熟語の読み**（**音読み**）と、その**語義**にふさわしい**訓読み**を（送りがなに注意して）**ひらがな**で記せ。

ア　1 胎孕……2 孕る
イ　3 賻儀……4 賻る
ウ　5 笞撻……6 撻つ
エ　7 遯竄……8 竄れる
オ　9 鄙吝……10 吝い
カ　11 覬覦……12 覬む
キ　13 長嘶……14 嘶く
ク　15 崔嵬……16 嵬い
ケ　17 懋戒……18 懋める
コ　19 目睹……20 睹る

標準解答

ア		イ		ウ		エ		オ		カ		キ		ク		ケ		コ	
1	2	3	4	5	6	7	8	9	10	11	12	13	14	15	16	17	18	19	20
たいよう	みごも	ふぎ	おく	ちたつ	むちう	とんざん	のが・かく	ひりん	しわ	きゆ	のぞ	ちょうせい	いなな	さいかい	たか	ぼうかい	つと	もくと	み

サ　21 夥多……22 夥しい
シ　23 緇衣……24 緇い
ス　25 蠢動……26 蠢く
セ　27 刪修……28 刪る
ソ　29 勁草……30 勁い
タ　31 慴伏……32 慴れる
チ　33 陞叙……34 陞る
ツ　35 麤笨……36 笨い
テ　37 覘望……38 覘く
ト　39 浹洽……40 浹し

サ		シ		ス		セ		ソ		タ		チ		ツ		テ		ト	
21	22	23	24	25	26	27	28	29	30	31	32	33	34	35	36	37	38	39	40
かた	おびただ	しい・しえ	くろ	しゅんどう	うごめ	さんしゅう	けず	けいそう	つよ	しょうふく	おそ	しょうじょ	のぼ	そほん	あら	てんぼう	のぞ	しょうこう	あまね

二　書き取り

二 書き取り

漢字の三要素である形・音・義のうち「形」に焦点を絞って学習を進めます。文章中の所与の漢字から適切な音・義を導出する「読み」の作業に対し、日本語の音・義を、それと一義的に対応する漢字表記で書き表すという一層能動的な作業に取り組みます。

漢字の点画、偏旁冠脚構垂繞などの構成要素と、その組み立て方について細心の注意を払い、楷書体で正しく書けるよう研鑽を積んでください。

E 書き取り

耳で聞いてわかるが漢字に変換しようとするとぐっとつまるという類の語・熟語が主な対象になります。

新聞や雑誌で仮名書きされている語、漢語と意識せずにふだんの会話で用いられている語などを漢字で表記できるかどうか試してみるのも良いでしょう。

例えば、「ウカツにも口を滑らした」「ワイセツか芸術か」「ヨウカンを厚目に切る」など。

F 同音異字・同訓異字

試みに国語辞典で「コウカン」を引いてみると同音異義語の多さに驚かされます。「交換」「交歓」「好感」「好漢」などは言わずもがな、「高官」「公刊」「巷間」、時には「向寒」「後患」「校勘」、更に「浩瀚」「槓杆」に至るまで正確に書き分けることが求められます。語彙の豊かさと漢字の字義に対する正確な知識がその前提となります。同訓異字の場合も基本的に事情は変わりません。両者ともに文意の正確な把握が出発点です。

G 語選択

所謂短文中の漢字の書き取りとは趣を異にしています。語義→語音→語形と思考を進めて、与えられた漢語の意味と的確に対応する熟語を漢字で表記します。

例えば、「きず―あら―難点―欠陥―瑕疵―瑕瑾」のように、同じような意味を和語・漢語、口語・文章語、雅語・俗語など様々な異なるレベルの言葉で表記できるような語彙力の養成が課題です。

H 国字

漢字の字体・構成法に倣って日本でつくられた文字を「国字」といいます。

国字の認定基準となる公の資料が存在しないため、辞典によって扱い方の異なるものがあります。

I 複数の漢字表記

国語審議会報告「同音の漢字による書きかえ」【昭和三十一（一九五六）年】において、常用漢字への書き換えが認められた表外漢字を取り上げます。すでに常用漢字による表記が流通している語の元来の表記を探ります。また、常用漢字について、旧字体から新字体、あるいは新字体から旧字体へと書き換える練習をします。常用漢字の本来の字体を知ることで、字音や字義について理解が深まります。

J 対義語・類義語

対義・類義の関係で結びつく漢語を集中的に学習します。語としての意味（語義）だけでなく、語を構成する漢字の意味（字義）にも注意を払ってください。「静謐」と「喧噪」の関係において「謐」「噪」の字義を確かめ、「静謐」の類として「闃然」「闃寂」、「喧噪」の類として「喧鬧」「喧囂」を考え、「闃」「鬧」「囂」の字義をそれぞれ確かめる。そのように漢字・漢語を組織化しながら着実に語彙力を増強してください。

K 四字熟語

四字熟語学習の醍醐味は、四字熟語が、わたしたちが日々の生活の中で遭遇する場面や状況の絶妙な表現になり得ているという体験をするところにあります。それが可能なのは、四字熟語が、人間の多様な歴史的経験を圧縮した端的な表現としてそれ自身歴史的試練を経てきているからです。

四字熟語はもとの表現の短縮形であったり、原文の一部だけが提示されていたりすることが多く、一字一字の意味とその構成だけでなく、成立の背景への理解も必須です。原義と派生的な意味があることも要注意です。

L 故事・成語・諺

会話や文章の中で活用される故事・成語・諺の核となる語の書き取りです。故事が生まれた背景や諺が使われる場面に理解が行き届くと実践的な知識になります。先人の知恵の果実とも言うべき簡明な言語表現を翫味しながら楽しく学習してください。自分だけの名言・名句集を編むのも一法です。

問 次の傍線部分の**カタカナ**を**漢字**で記せ。

1 **サッソウ**と舞台に登場した。

2 前社長が名誉顧問に**スイバン**された。

3 燃え盛る**カガリビ**が空を焦がす。

4 **バイキン**がはびこる汚濁地帯と化す。

5 チームの**タガ**が緩んでエラーが続出した。

6 逃走を**ホウジョ**し従犯とされた。

7 世を**シンカン**させた残虐な事件だ。

8 全身に力が**ミナギ**る。

9 黄金の鴟尾が**サンゼン**と輝く。

10 人心から**カイリ**した政策である。

標準解答

1	2	3	4	5	6	7	8	9	10
颯爽	推 挽輓	篝火	黴菌	箍	幇助	震撼	漲	粲燦 然	乖離

11 どう考えても**フ**に落ちない。

12 子供のように泣き**ジャク**っている。

13 新雪は朝日をうけて**バラ**色に輝いた。

14 渓流の**セイレツ**な水でのどを潤す。

15 **キタン**のない意見を言ってほしい。

16 口舌の徒を**ダカツ**の如く嫌った。

17 南瓜の葉や茎が**シナ**びている。

18 自己**ギマン**も甚だしい発言だ。

19 着古して衣服の色が**サ**めた。

20 会場には紅白の**マンマク**が引かれた。

11	12	13	14	15	16	17	18	19	20
腑	噦	薔 薔 薇	清冽	忌憚	蛇 蠍蝎	萎	欺瞞	褪	幔幕

問 次の傍線部分の**カタカナ**を**漢字**で記せ。

1 巡視船が沖を**ユウヨク**している。

2 **ラデン**の硯箱を愛蔵している。

3 暮れ**ナズ**む鈍色の空を見上げた。

4 **イチル**の望みを手紙に託した。

5 羽織の脇に**マチ**を入れる。

6 **ギゼン**として聳え立つ霊峰を仰ぐ。

7 **サゾ**お困りのことでしょう。

8 町に**ショウイ**弾が降り注いだ。

9 二人の間には少しの**ワダカマ**りもない。

10 **ケンショウエン**になってテニスができない。

標準解答

1	2	3	4	5	6	7	8	9	10
游遊 弋	螺 鈿	泥	一 縷	襠	巍 然	嘸	焼 夷	蟠・磐・盤	腱鞘炎

11 **ケイラ**隊を増強して防犯に努める。

12 **ウカツ**にも時計を忘れてきた。

13 疾走する馬の鬣が風に**ナビ**く。

14 **トッサ**の判断が必要である。

15 久し振りに先生の**ケイガイ**に接した。

16 川鵜が**ネグラ**に舞い戻ってきた。

17 **ホウロウ**引きの鍋で煮物をする。

18 鉦や太鼓で賑やかに**ハヤ**したてた。

19 巨大な**インセキ**の落下した跡がある。

20 内海に点在する**トウショ**を遠望する。

11	12	13	14	15	16	17	18	19	20
警 邏	迂 闊	靡	咄 嗟	謦 咳	塒	琺 瑯	囃	殞隕 石	嶋島 渚嶼

問 次の傍線部分の**カタカナ**を**漢字**で記せ。

1 旧友の客死に**バンコク**の涙を注ぐ。
2 **コケ**にされたと言って熱り立った。
3 君が口を出すと話が**コジ**れる。
4 **ヒョウキン**な仕種が笑いを誘った。
5 巣の中に**フカ**したばかりの雛を見た。
6 皮を**ナメ**して工芸品を製作する。
7 事件の証人が何者かに**ラチ**された。
8 ペルシャ織りの**ジュウタン**を敷く。
9 数本あった**ウシ**をすべて処置した。
10 尺八を伴う**ソウキョク**を演奏する。

標準解答

1	2	3	4	5	6	7	8	9	10
万斛	虚仮	拗	剽軽	孚孵化	鞣	拉致	絨毯緞	齲歯	箏曲

11 失敗には目を**ツブ**ることにした。
12 **ヨウカン**を厚目に切る。
13 長身**ハクセキ**の青年が質問に立った。
14 両手の指が**フシクレ**立っている。
15 土中から**ドクロ**が発掘された。
16 **テキガイシン**を剥き出しにする。
17 人の情けに**スガ**って生きる。
18 厳寒の**ミギリ**、風邪など召さぬよう。
19 斯界の**キシュク**と仰がれる大先達だ。
20 **ビタ**一文まけることは出来ぬ。

11	12	13	14	15	16	17	18	19	20
瞑	羊羹	白皙	節榑	髑髏	敵愾心	縋・攀	砌	耆宿	鐚

問 次の傍線部分の**カタカナ**を**漢字**で記せ。

1 心配は**キユウ**に終わった。
2 刀を振り**カザ**して構えた。
3 法に背き社会の**ヒンセキ**を受ける。
4 人の弱点を**アゲツラ**う。
5 鉄道が**フクソウ**した交通の要衝である。
6 **ナズナ**粥を啜って邪気を祓う。
7 **ジャコウ**は薬料としても使われる。
8 日曜と祝日が**カ**ち合った。
9 仏前に**ハイキ**して一心に念ずる。
10 部内での**アツレキ**が目に余る。

標準解答

1	2	3	4	5	6	7	8	9	10
杞憂	翳	擯斥	論・評	輻湊輳	薺	麝香	搗	拝跪	軋轢

11 母の気持ちを**ソンタク**する。
12 五色の糸を**ナ**い交ぜる。
13 敵方に**カン**を通じていた嫌疑がある。
14 天地**カイビャク**についての神話を繙く。
15 **ムセ**び泣く汽笛に望郷の念を募らせた。
16 薬が**テキメン**に効いた。
17 床几に**ヒモウセン**を敷く。
18 一年間の**ススボコリ**を払う。
19 チーズの熟成に**アオカビ**を利用する。
20 座敷に**シタン**の座卓がある。

11	12	13	14	15	16	17	18	19	20
忖度	綯	款	開闢	噎・咽	覿面	緋毛氈	煤埃	青黴	紫檀

問　次の傍線部分の**カタカナ**を**漢字**で記せ。

1 茄子の**ヘタ**を切り落とす。

2 扉に**シンチュウ**製の取っ手をつける。

3 帳簿に**カイザン**の跡が見られた。

4 世を**ス**ねて隠栖する。

5 拝殿の正面に**サイセン**箱を設えた。

6 蕎麦屋でゆっくり**ハラゴシラ**えをする。

7 大会は**モクショウ**の間に迫った。

8 一方ならぬ**ケンコ**を賜る。

9 蛇が鎌首を**モタ**げてきた。

10 本草学の**キコウボン**が古本市で高値をつけた。

標準解答

1	2	3	4	5	6	7	8	9	10
蔕	真鍮	改竄	拗	賽銭	腹拵	目睫	眷顧	擡	稀 希 覯本

---

11 息子を**カタ**った詐欺行為が頻発する。

12 書類の重要箇所に**フセン**を貼る。

13 幼時から道義心を**カンヨウ**する。

14 路傍で天神様の**ホコラ**を見かけた。

15 見知らぬ者達が**チンニュウ**してきた。

16 裁判所が**ワイセツ**文書と判断した。

17 梅雨時になると古傷が**ウズ**く。

18 隣の人とは**ジッコン**の間柄だ。

19 **コンボウ**を振り回して暴れる。

20 枝が雪の重みで**タワ**んでいる。

11	12	13	14	15	16	17	18	19	20
騙	附 付 箋	涵養	叢 祠 祠	闖入	猥褻	疼	昵懇	棍棒	撓・橈

問 次の傍線部分の**カタカナ**を**漢字**で記せ。

1 老舗の**キンツバ**焼きは流石にうまい。
2 寝た切りで**ジョクソウ**に悩まされる。
3 賭け事に憂き身を**ヤツ**している。
4 楽しく**ダンラン**の時を過ごす。
5 急に**クルリ**と後ろを振り向いた。
6 **アンタン**たる気持ちで罹災地から帰る。
7 不作法を姉に**タシナ**められた。
8 三国が河の合流点で**テイジ**した。
9 川岸に舟を**モヤ**う。
10 元旦に家族皆で**トソ**を祝う。

標準解答

1	2	3	4	5	6	7	8	9	10
金鍔	褥蓐瘡	窶	団欒	転	暗澹	窘	鼎峙	舫	屠蘇

11 薯蕷に**ウズラ**の卵を落とす。
12 **ジンマシン**が出てひどく痒い。
13 手を**コマヌ**いていても始まらない。
14 交渉が**コウチャク**状態に陥った。
15 林檎の芯を**ク**り貫いた。
16 戦乱で都は**カイジン**に帰した。
17 炊きたての飯をお**ヒツ**に移す。
18 消化管壁が規則的に**ゼンドウ**する。
19 夜風が優しく頰を**クスグ**る。
20 雨が止んだので傘を**スボ**めた。

11	12	13	14	15	16	17	18	19	20
鶉	蕁麻疹	拱	膠着	刳	灰燼	櫃	蠕動	擽	窄・歙

問　次の傍線部分の**カタカナ**を**漢字**で記せ。

1　本堂の屋根に新たな**シビ**を設えた。

2　**イグサ**の茎は畳表に用いられる。

3　矯めつ**スガ**めつ眺めて品定めした。

4　目障りな政敵を**ザンブ**する。

5　戦乱の禍が**ムコ**の民に及ぶ。

6　招待状を**シタタ**める。

7　生産工程の**アイロ**を打開する必要がある。

8　**シンイ**の炎を消し無明の雲を払う。

9　**オクビ**にも出さない。

10　手紙には真情が**ホトバシ**っていた。

標準解答

1	2	3	4	5	6	7	8	9	10
鴟尾	藺草・藺	眇	讒誣	無辜	認	隘路	瞋恚・嗔恚	噯・噯気・噫・噫気	迸

11　**コショウ**で料理の味を引き立てる。

12　食中毒で激しく**トシャ**する。

13　鴉が鳴き牛が**アエ**ぐ。

14　表現が巧みで**ゴイ**も豊かだ。

15　**ヒッキョウ**、人は死を免れぬ。

16　袴の**ヒダ**にアイロンをかける。

17　釣りの話なら彼の**ドクセンジョウ**だ。

18　それは美的**ハンチュウ**に属する問題だ。

19　子役を演じるには**トウ**が立っている。

20　勤倹力行して財産を**コシラ**えた。

11	12	13	14	15	16	17	18	19	20
胡椒	吐瀉	喘	語彙	畢竟	襞	独擅場	範疇	薹	拵

問 次の傍線部分の**カタカナ**を**漢字**で記せ。

1 十分に**ソシャク**して消化をよくする。

2 蕎麦を冷水で締めて**ザル**に盛った。

3 指を**クワ**えて見ている他なかった。

4 架空の取り引きを**ネツゾウ**した。

5 米寿を迎えて**カクシャク**としている。

6 満員電車に**モ**まれて通勤する。

7 さんざんに**チョウチャク**する。

8 **フクイク**たる薫りが漂ってくる。

9 軒を並べ**イラカ**を争う。

10 民権運動は**リョウゲン**の火の如く広まった。

標準解答

1	2	3	4	5	6	7	8	9	10
咀嚼	笊	銜・咥・啣	捏造	矍鑠	揉・搓	打擲	馥郁	甍	燎原

11 映画史上**チョウドキュウ**の大作だ。

12 山の水を**カケヒ**で庭に引く。

13 政治犯が**ルタク**の地で生涯を終えた。

14 **ハエナワ**漁船が出港する。

15 恐ろしい夢に**ウナ**される。

16 怨霊が巫者に**ヒョウイ**する場面を描く。

17 野生のコウノトリが卵を**カエ**した。

18 画家としての**テンピン**を発揮する。

19 薬効**アラタカ**な丸薬である。

20 海上に**シンキロウ**が出現した。

11	12	13	14	15	16	17	18	19	20
超弩級	懸樋 筧	流謫	延縄	魘	憑依	孵・孚	天稟	灼	蜃気楼

問　次の傍線部分の**カタカナ**を**漢字**で記せ。

1　むずかる幼児を宥め**スカ**す。
2　疲労**コンパイ**の態でたどりついた。
3　言葉にやや**ナマリ**がある。
4　鍬形を**ソビ**やかした武者人形を飾る。
5　一歩一歩に喘ぎ**ガイソウ**する。
6　思い出を**ルル**語った。
7　自分の**ウメ**き声で目が覚めた。
8　**ケイチツ**を迎え日々暖かくなる。
9　天地**ソウマイ**の頃、群雄が蜂起した。
10　大風で庭の木々が**ネコソ**ぎ倒された。

標準解答

1	2	3	4	5	6	7	8	9	10
賺	困憊	訛・譌	聳・竦	咳嗽	縷縷 縷々	呻	啓蟄	草昧	根刮

11　景気は漸く**ハコウ**状態を脱した。
12　瑠璃珊瑚を**チリバ**めた腕輪だ。
13　**タケヒゴ**を編んで笊を作る。
14　職務を怠り上司から**ケンセキ**された。
15　**ゾウヒン**の故買で摘発された。
16　病気に**カズ**けて欠席する。
17　故人の俤を**ハンスウ**して画帳に描いた。
18　**ニベ**もなく断られた。
19　よく冷えた**アンミツ**が涼味を呼ぶ。
20　少なからざる**ヒボウ**中傷を受けた。

11	12	13	14	15	16	17	18	19	20
跛行	鏤・嵌	竹籤	譴責	贓品	被	反芻	鰾膠	餡蜜	誹謗

問 次の傍線部分の**カタカナ**を**漢字**で記せ。

1 孫の代まで**タタ**ると謂う。
2 ご挨拶**カタガタ**お伺いします。
3 洋書からの**ヒョウセツ**を指摘された。
4 相手の立場を**シンシャク**して対応する。
5 草むらに蛇が**トグロ**をまいていた。
6 欄干に**モタ**れて物思いに耽る。
7 **ドウモウ**な熊に襲われる。
8 海底を**シュンセツ**して航路を開く。
9 消しゴムの**カス**を集めて捨てる。
10 **ヘントウセン**が腫れ上がった。

標準解答

1	2	3	4	5	6	7	8	9	10
祟	旁	剽窃	斟酌	蜷局 塒	靠・凭	獰猛	浚渫	滓	扁桃腺

---

11 杖にお**アツラ**え向きの枝を拾い上げた。
12 書状で**キュウカツ**を叙する。
13 大魚目掛けて**モリ**を放った。
14 風に**ソヨ**ぐ葦原を見渡す。
15 **セキリョウ**感漂う晩秋の夕景である。
16 オパールの指輪が蠟燭の光に**キラ**めいた。
17 神に**ザンゲ**し恕しを乞う。
18 **ツツガ**なく老後を過ごす。
19 亡骸を**ダビ**に付した。
20 **シンピョウ**性の高い記事である。

11	12	13	14	15	16	17	18	19	20
誂	久闊	銛	戦・嫋	寂寥	煌・燦	懺悔	恙	荼毘	信憑

問　次の傍線部分の**カタカナ**を**漢字**で記せ。

1 奇を**テラ**った表現だ。
2 昔から自己**トウカイ**の癖がある。
3 あれこれと理屈を**コ**ねる。
4 収集家**スイゼン**の的の陶器だ。
5 **ハンゴウ**炊爨の準備が出来た。
6 家運が傾き**カ**てて加えて病人が出る。
7 巧みな**ヒユ**が使われている。
8 辺り一面に**モヤ**が立ちこめる。
9 教育界に**ヒエキ**する所がある。
10 内心**ジクジ**たるものがある。

標準解答

1	2	3	4	5	6	7	8	9	10
衒	韜晦	捏	垂涎	飯盒	糅・擣	譬比 喩	靄	俾裨 益	忸怩

11 戸に**カンヌキ**をかける。
12 野生鹿の車道での**レキシ**事故が絶えない。
13 往来を眺めて**ブリョウ**を慰めた。
14 大きな**クシャミ**をした。
15 花弁と**ガク**とが区別しにくい花もある。
16 世を**シンガイ**させた大事件である。
17 手術が良い結果を**モタラ**した。
18 亡父のことを**センコウ**という。
19 次第に感覚が**マヒ**してきた。
20 **オビタダ**しい蜻蛉が飛び交っている。

11	12	13	14	15	16	17	18	19	20
閂	轢死	無聊	嚔	萼	震駭	齎	先考	痲麻 痺	夥

問 次の傍線部分の**カタカナ**を**漢字**で記せ。

1 行きつけの**ショシ**で珍本を入手した。

2 水泳中に**コムラ**返りが起きた。

3 雨水を**ロカ**して飲料水にする。

4 **カタジケナ**いお言葉を戴いた。

5 櫓の**キシ**む音が響く。

6 女の**キキョ**する声が聞こえてきた。

7 **ヒナアラレ**と菱餅を供える。

8 家訓が**シッコク**となり思うに任せぬ。

9 相続をめぐって兄弟が**イガ**み合う。

10 悔恨と**ザンキ**の念が跡形もなく消え去った。

標準解答

1	2	3	4	5	6	7	8	9	10
書 肆	腓	濾 過	忝・辱	軋	唏欷 噓歔	雛 霰	桎 梏	啀	慙 悸愧

11 **コウゾ**は和紙の原料となる。

12 斧を**ロクロ**の砥石で研ぐ。

13 **ワビ**しい山間の駅に降り立った。

14 校正が杜撰で誤植や**エンジ**が目立つ。

15 平蜘蛛のように這い**ツクバ**う。

16 古い慣習が**ヨゼン**を保っている。

17 優勝争いは決定戦に**モツ**れ込んだ。

18 謀叛の**カド**で捕らえられた。

19 風紀の**ビンラン**を危惧する。

20 歴史を**ヒモト**いて時代背景を調べる。

11	12	13	14	15	16	17	18	19	20
楮	轆 轤	侘	衍 字	蹲	余 喘	縺	廉	紊 乱	紐 繙 解

F 同音異字・同訓異字

問 次の傍線部分の**カタカナ**を**漢字**で記せ。

1 世界最大の**カンスイ**湖である。
2 家族総出で苗床に**カンスイ**する。

3 神に種々の**ニエ**を供えた。
4 **ニエ**鮮やかな名刀である。

5 大広間を金泥の**ショウヘイ**画が飾る。
6 世界的な演奏家を**ショウヘイ**する。

7 **タンカ**に乗せられ病院に運び込まれた。
8 あぐらをかいて、**タンカ**を切る。

標準解答

1	2	3	4	5	6	7	8
鹹水	灌水	贄・摯	錵・沸	障屏	招聘	担架	啖呵

9 大根に**ス**が入っている。
10 釣った魚を生け**ス**に放つ。

11 弁当に**デンブ**を使い彩りを添える。
12 腿から**デンブ**にかけて痛みがある。

13 天子の直筆の書き物を**シンカン**という。
14 世間を**シンカン**させる事件が起きた。

15 春になると梅の花が**ツボ**む。
16 昼になって朝顔の花が**ツボ**んだ。

9	10	11	12	13	14	15	16
鬆	簀	田麩	臀部	親宸翰	震撼	蕾	窄

問 次の傍線部分の**カタカナ**を**漢字**で記せ。

1 **コウカン**に伝わる俗説に過ぎない。
2 **コウカン**な書物にあたって調べた。

3 **カツラ**籠に花を活けた。
4 **カツラ**を使用して髪型を変える。

5 毎年**ヨウラン**の品評会が開催される。
6 ここは古代文明の**ヨウラン**の地だ。

7 厄除けに**ショウキ**像を屋根に据える。
8 山川の**ショウキ**に当たって発熱したらしい。

標準解答

1	2	3	4	5	6	7	8
巷間	浩瀚	桂	鬘	洋蘭	揺籃	鍾馗	障癘気

9 唐臼で**モミ**の殻を破って玄米にする。
10 クリスマスツリーに**モミ**の木を使う。

11 コーヒー・酒類等の**シコウ**品を扱う。
12 御前に家臣が大勢**シコウ**していた。

13 胴部が**クビ**れている。
14 自ら**クビ**れて果てる。

15 民主主義が**ケイガイ**化する。
16 師の**ケイガイ**に接する。

9	10	11	12	13	14	15	16
籾	樅	嗜好	祗伺候	括	縊	形骸	謦咳

問　次の傍線部分の**カタカナ**を**漢字**で記せ。

1 賀状に恭賀**シンキ**と認めた。
2 興奮して**シンキ**亢進が著しい。

3 月に**カサ**がかかる。
4 **カサ**ぶたが剥がれる。

5 全国に**ゲキ**を飛ばす。
6 **ゲキ**として物音一つしない。

7 長男は**ヨウセイ**し次男が後を継いだ。
8 森の**ヨウセイ**たちが活躍する物語である。

標準解答

1	2	3	4	5	6	7	8
新禧	心悸	暈	瘡	檄	闃	夭逝	妖精

9 **ノミ**の息も天に上がる。
10 **ノミ**と言わば槌。

11 遊園地の**カンラン**車に乗る。
12 オリーブ色は**カンラン**色ともいう。

13 **タコ**壺を引き上げる。
14 指に**タコ**ができた。

15 **キタン**のない御意見を伺いたい。
16 世に喧伝された異聞**キタン**を集成する。

9	10	11	12	13	14	15	16
蚤	鑿	観覧	橄欖	蛸・鮹・鱆	胼胼・胝胝	忌憚	奇譚

問　次の傍線部分の**カタカナ**を**漢字**で記せ。

1　祖父は**カンペキ**が強くてすぐ怒鳴る。
2　計画に**カンペキ**を期する。

3　濁世の汚埃を**センゼイ**する。
4　**センゼイ**して行動の可否を決する。

5　犯した罪を**アガナ**う。
6　書物一巻を**アガナ**う。

7　尊大な態度で部下を**イシ**する。
8　**イシ**した友の骸を前に号泣する。

標準解答

1	2	3	4	5	6	7	8
癇癖 癖	完 璧	蟬 蛻	占 筮	贖 ・ 貲	購	頤 指使	縊 死

9　諸将は挙って官軍に**サタン**した。
10　我が身の不運を**サタン**する。

11　障子の組子に**サワラ**が使われている。
12　寒の**サワラ**は特に美味だ。

13　一か月間**ホウオウ**の旅に出た。
14　**ホウオウ**群鶏と食を争わず。

15　絢爛たる**フスマ**絵が目を驚かす。
16　降り積もった雪が**フスマ**をのべたようだ。

9	10	11	12	13	14	15	16
左 袒	嗟 歎嘆	椹	鰆	訪 欧	鳳 凰	襖	衾

問 次の傍線部分の**カタカナ**を**漢字**で記せ。

1 評判の**カマ**揚げ饂飩を注文した。

2 陶磁器の**カマ**元を訪れる。

3 史実を尋ねて古人の**センショウ**を踏む。

4 神の名を**センショウ**して人を裁く。

5 初出場の選手が優勝を**サラ**った。

6 落ち葉の溜まった溝を**サラ**う。

7 意志弱く性**ケイソウ**で威厳がない。

8 疾風に**ケイソウ**を知り乱世に忠臣を知る。

標準解答

1	2	3	4	5	6	7	8
釜	窯	先蹤	僭称	攫・掠	浚・渫・濬	軽躁	勁草

---

9 **エンジ**色のネクタイがよく似合う。

10 校正して**エンジ**を削除した。

11 碁**ケ**から石を摘み出した。

12 **ケ**にも晴れにも普段着で通した。

13 窶れて**ガンカ**が落ちくぼんでいる。

14 驪竜**ガンカ**の珠ほどの値がある。

15 太刀の**サヤ**をはらう。

16 隠元は**サヤ**のまま食用とする。

9	10	11	12	13	14	15	16
燕臙脂	衍字	笥	褻	眼窩	頷下	鞘	莢・苻

問 次の傍線部分の**カタカナ**を**漢字**で記せ。

1 頭髪**シュシ**共に雪白の老人である。
2 行きつけの**シュシ**で祝杯を挙げた。

3 髪に桜の小枝を**カザ**した。
4 刀を振り**カザ**して賊を撃退した。

5 その件は**フクシャ**の戒めとする。
6 放射熱は**フクシャ**熱ともいう。

7 **キシ**鮮明なる政見を打ち出す。
8 己の醜さを知り**キシ**する思いだった。

標準解答

1	2	3	4	5	6	7	8
鬚髭	酒肆	挿頭・簪	翳	覆車	輻射	旗幟	愧死

9 毒杯を**アオ**り絶命した。
10 巨額の資金投入で相場を**アオ**る。

11 雷の如き**カンセイ**を立てて睡っている。
12 巧妙に仕組まれた**カンセイ**に嵌まった。

13 人混みで財布を**ス**り取られた。
14 山椒の木の**ス**り粉木を使う。

15 **カヤ**の碁盤を注文した。
16 茶室の屋根を**カヤ**葺きにする。

9	10	11	12	13	14	15	16
呷	煽・扇	鼾声	陥穽	掏	擂・摺	榧	茅・萱

問 次の**1**～**5**の意味を的確に表す語を、後の□から選び、**漢字**で記せ。

1 旗などが風にひるがえるさま。
2 長い間治らない病気。
3 哀れむべき境遇になりさがる。
4 相手の立場を十分に考える。
5 干渉して自由な行動を妨げる。

えきれい・かんねい・しゅくあ
しんしゃく・せいちゅう
ちんりん・とうかい・へんぽん

標準解答

1	2	3	4	5
翩翻	宿痾	沈淪	斟酌	掣肘

1 飾り気がなく話し下手なこと。
2 区別のはっきりしたさま。
3 からかうこと。
4 教訓や戒めとなる警句。
5 とらえる。

けんせき・さいぎ・しゅんじゅん
しんげん・せつぜん・だほ
ぼくとつ・やゆ

標準解答

1	2	3	4	5
木訥	截然	揶揄	箴言	拿捕

問 次の**1**〜**5**の意味を的確に表す語を、後の□から選び、**漢字**で記せ。

1 雲がたなびくさま。
2 のさばりはびこること。
3 欠点。傷。過失。
4 考えが古く、かたくななさま。
5 極度に物惜しみする。

あいたい・かし・ころう
しょうさつ・どんらん・ばっこ
りんしょく・ろうかい

標準解答

1	2	3	4	5
靉靆	跋扈	瑕疵	固陋	吝嗇

---

1 獣がほえたける。
2 自分の能力を信じて抱く誇り。
3 のけものにすること。
4 奥深く物静かだ。
5 めまい。

きょうじ・けっさ・げんうん
こうまい・ひんせき・ほうこう
ゆうすい・らくはく

標準解答

1	2	3	4	5
咆哮	矜持恃	擯斥	幽邃	眩暈

問 次の**1**～**5**の意味を的確に表す語を、後の□から選び、**漢字**で記せ。

1 目先の楽を求めること。

2 心中をさらけ出す。

3 はにかむこと。

4 月日が徒に過ぎてゆくさま。

5 学識を自慢したがる心持ち。

> がんしゅう・きょごう・げんき
> じんぜん・とうあん・ひれき
> ぶりょう・れいり

標準解答

1	2	3	4	5
偸安	披瀝	含羞	荏苒	衒気

---

1 虚言によって他をそしる。

2 滑稽味のあることば。

3 気儘で生活がだらしないこと。

4 行動をともにすること。

5 おもねりへつらう。

> うんちく・かいぎゃく・ざんぶ
> てんゆ・ひはい・ほうらつ
> ぼくたく・れんべい

標準解答

1	2	3	4	5
讒誣	諧謔	放埒	聯連袂	諂諛

問 次の1～5の意味を的確に表す語を、後の□から選び、**漢字**で記せ。

1 人の値打ち、品位、体面。
2 うらみなげくこと。
3 にぎやかで活気溢れるさま。
4 困っている人を助け、恵む。
5 涙がとめどなく流れるさま。

いんしん・きゅうじゅつ・こけん
しんぎん・ちゅうちょう
てっけつ・どうこく・ぼうだ

標準解答

1	2	3	4	5
沽券（估券）	惆悵	殷賑	救恤	滂沱

---

1 あかぬけしているさま。
2 せきばらい。しわぶき。
3 広く知れ渡る。
4 王位、政権を掠取する。
5 打ちこらしめる。

かいしゃ・きょうく・けいがい
さんだつ・しぎゃく・しょうしゃ
ぜんめい・ようちょう

標準解答

1	2	3	4	5
瀟洒（蕭灑）	謦咳	膾炙	簒奪	膺懲

問 次の**1**〜**5**の意味を的確に表す語を、後の□から選び、**漢字**で記せ。

1 けちで欲深く無慈悲なこと。

2 支障となるもの。

3 逆らい背くこと。またくいちがい。

4 人の心をうまくとらえる。

5 軽い病気。気分が少しすぐれないこと。

あいろ・かいれい・けんどん しゅうらん・しゅくあ・しんしゃ とぜつ・びよう

標準解答

1	2	3	4	5
慳貪	隘路	乖戾	収攬	微恙

---

1 果てしなく広いさま。

2 なれ親しむ。なれなれしくする。

3 忙しく働くこと。

4 横から口をさしはさむ。

5 学徳・経験のそなわった老人。

おうしょう・きしゅく・きょうまん きんぜん・こうじつ・せきじゅ ひょうびょう・ようかい

標準解答

1	2	3	4	5
縹渺・緲・眇	狎昵	鞅掌	容喙	耆宿

問 次の**1**～**5**の意味を的確に表す語を、後の□から選び、**漢字**で記せ。

1 驚いて目をみはる。
2 他の機関などに意見を問い求める。
3 むせびなく。
4 補佐すること。
5 すさんだ生活をすること。

おえつ・かいり・しじゅん
せんしょう・ちんめん
どうじゃく・へんさ・ゆうえき

標準解答

1	2	3	4	5
瞠若	咨詢	嗚咽	誘掖	沈湎

---

1 遠慮すること。
2 助けとなり、役立つ。
3 うごめくこと。
4 性質が残忍で荒々しい。
5 特別に目をかけること。

かいらい・きたん・けんこ
しょうしゅん・ぜんどう
どうもう・ひえき・ほうへん

標準解答

1	2	3	4	5
忌憚	俾裨益	蠕動	獰猛	眷顧

問 次の**1**～**5**の意味を的確に表す語を、後の□から選び、**漢字**で記せ。

1 官職などをとりあげること。

2 よろめくさま。

3 片意地なこと。

4 鋭くにらみ威圧する。

5 力強くよどみのないこと。

けんかい・さてつ・そうろう
ちだつ・ひんしゅく・へいげい
ゆうこん・ろかく

標準解答

1	2	3	4	5
褫奪	蹌踉	狷介	睥睨・俾倪	雄渾

---

1 味方すること。

2 他人を陥れるために偽って訴えること。

3 欠点、きず。

4 ひっそりとしてものさびしいさま。

5 からまりつくこと。

かきん・さたん・しい
せきりょう・てんじょう・ぶこく
へきれき・ほひつ

標準解答

1	2	3	4	5
左袒	誣告	瑕瑾・瑕釁	寂寥	纏繞

問 次の**1**～**5**の意味を的確に表す語を、後の□から選び、**漢字**で記せ。

1 けしかけること。

2 ぬれぎぬ。

3 ありもしないことを言ってそしる。

4 多くの人命を奪うこと。

5 事柄の意義や道理をはっきりさせる。

えんざい・さつりく・ざんぼう
しそう・ぜいげん・せんめい
ちてい・もくと

標準解答

1	2	3	4	5
指使	冤	讒	殺	闡
嗾	罪	謗	戮	明

---

1 人の心をひきつけたぶらかす。

2 主義主張を公然と示す。

3 よく注意して見る。

4 高低。軽重。優劣。

5 楽器の音などが冴え渡って響くさま。

あつれき・かつもく・けんち
こわく・しゅうれん・ひょうぼう
ゆうけい・りゅうりょう

標準解答

1	2	3	4	5
蠱	標	刮	軒	瀏嚠
惑	榜	目	輊	亮喨

H 国字

問 次の傍線部分の**カタカナ**を**国字**で記せ。

1 醤油の醸造には**コウジ**が欠かせない。

2 **ニオ**の浮き巣に漣が寄る。

3 入り口が狭くて肩が**ツカ**える。

4 真珠の目方を**モンメ**で表示する。

5 山間の**サコ**に小屋を作る。

6 **テ**爾乎波の使い方が未熟である。

7 仏前に**シキミ**を供えた。

8 **ムロアジ**の開きを焼く。

9 武者の**ホロ**を矢が貫いた。

10 一刀は、**ニエ**鮮やかに匂いが深い。

標準解答

1	2	3	4	5	6	7	8	9	10
糀	鳰	閊	匁	逧	弖	梻	鰘	𧘕	錵

11 **ゴリ**の甘露煮を賞味する。

12 厨房に一**ヘクトリットル**の鍋を設えた。

13 布を張るのに**シンシ**は不可欠である。

14 **イカル**には黄色く太い嘴がある。

15 雪原に**ソリ**を走らせた。

16 中華鍋を**ササラ**で洗う。

17 **デシグラム**単位の正確さを必要とした。

18 **カスリ**の着物がよく似合う。

19 背広の**ユキ**を調整する。

20 正月の祝膳に欠かせないのが**カズノコ**である。

11	12	13	14	15	16	17	18	19	20
鮴	竡	籡	鵤	轌・艝	簓	瓰	絣・綛	裄	鯑

問 次の傍線部分の**カタカナ**を**国字**で記せ。

1 蒔絵を施した**ハンゾウ**が展示された。
2 子は**カスガイ**。
3 **ウグイ**の体側に婚姻色が現れている。
4 足袋をはいて**コハゼ**を掛ける。
5 **オオボラ**から鱲子をとる。
6 庭の雑草を**ムシ**った。
7 これは**サテ**置き、次に移ろう。
8 垂木の上に**コマイ**を並べて屋根を葺く。
9 **コウ**纈は染色法の一種である。
10 **ワカサギ**釣りが解禁になった。

標準解答

1	2	3	4	5	6	7	8	9	10
楾	鎹	鯎・鯏	鞐	鮱	毟・挘	扨	榀	纐	鰙

11 **ウン**繝錦の織物を寄贈した。
12 痛みをじっと**コラ**える。
13 山奥の**ハザマ**の村に生まれた。
14 **キクイタダキ**は日本最小の鳥と言われる。
15 **スイ**臓は消化酵素を分泌する。
16 四**トン**積みのトラックで運んだ。
17 **ソマ**山から木を伐り出す。
18 瓢箪で**ナマズ**を押さえる。
19 幼時の**オモカゲ**が残っている。
20 弓弦の**トモ**に当たる音がした。

11	12	13	14	15	16	17	18	19	20
繧	怺	硲	鶎	膵	瓲・噸	杣	鯰・鮎	俤	鞆

問　次の傍線部分の**カタカナ**を**国字**で記せ。

1　櫓炬**タツ**を囲んで談笑する。

2　**トキ**の保護センターを訪れた。

3　金具細工に携わる**カザリ**師を継ぐ。

4　**タスキ**掛けで仕事に励む。

5　大宰府から朝廷に**ハラカ**が献上された。

6　**コガラシ**の吹く季節となった。

7　穀物を**カマス**に入れて運ぶ。

8　話の辻**ツマ**が合わない。

9　子供の**シツケ**に喧しい家だ。

10　**ドジョウ**の柳川に舌鼓を打つ。

標準解答

1	2	3	4	5	6	7	8	9	10
燵	鴇	錺	襷	鰚	凩	叺	褄	躾	鯲

11　**シャク**に障る態度だ。

12　引き戸がよく**スベ**らない。

13　太刀の**ハバキ**に文様がある。

14　五**デシリットル**の水を加えた。

15　山**オロシ**が身にしみる。

16　釣った**キス**を天麩羅にする。

17　**シカ**と承りました。

18　予算の**ワク**内に収める。

19　**ヤナ**を仕掛け鮎を漁る。

20　**イスカ**の嘴の食い違い。

11	12	13	14	15	16	17	18	19	20
癪	辷	鎺	竕	颪	鱚	聢	枠	簗	鶍

問 次の傍線部分の**カタカナ**を**国字**で記せ。

1 **イリ**を修繕して水捌けが良くなった。
2 山の**フモト**に別荘を建てた。
3 **ハタハタ**は秋田の特産である。
4 **ゴザ**を敷いて弁当をひろげた。
5 城に**オオヅツ**数基を設えていた。
6 **カケス**は樫の実を好み樫鳥ともいう。
7 **ヤガ**て幸せが来るだろう。
8 毎分五**キロリットル**の湯が湧出する。
9 天守閣に金の**シャチホコ**を据える。
10 うどんは「**ウン**飩」を略した言い方である。

標準解答

1	2	3	4	5	6	7	8	9	10
圦	梺	鱩・鰰	蓙	熕	鵥	軈	竏	鯱	饂

11 **カカア**天下に空っ風。
12 **コノシロ**を鮨種に用いる。
13 東日本で低湿地のことを**ヤチ**という。
14 **セガレ**に家督を譲る。
15 河原で**チドリ**が頻りに鳴いている。
16 **クルマ**引きが観光客に声をかけている。
17 成分を**ミリグラム**単位で表示する。
18 **クヌギ**林を散策した。
19 蒲鉾の原料に**エソ**を使う。
20 **トテ**も大切にしていたものだ。

11	12	13	14	15	16	17	18	19	20
嬶	鮗	萢	躮	鵆	俥	瓱	椚	鱛	迚

問 次の●印の漢字を、書き換えが認められている**常用漢字（一字）**に改めよ。

〈**例**〉食慾● → 欲

1 聚●落
2 繃●帯
3 蜚●語
4 腐爛●
5 洗滌●
6 滲●透
7 扣●除
8 衰頽●
9 制馭●
10 香奠●

標準解答

1	2	3	4	5	6	7	8	9	10
集	包	飛	乱	浄	浸	控	退	御	典

11 鞏●固
12 鍼●術
13 媾●和
14 意嚮●
15 辺疆●
16 陰翳●
17 野鄙●
18 厖●大
19 沮●喪
20 教誨●

11	12	13	14	15	16	17	18	19	20
強	針	講	向	境	影	卑	膨	阻	戒

問 次の●印の漢字を、書き換えが認められている**常用漢字（一字）**に改めよ。

1 曠●野
2 牆●壁
3 反撥●
4 開鑿●
5 抛●棄
6 抒●情
7 挌●闘
8 象嵌●
9 漁撈●
10 破摧●

標準解答

1	2	3	4	5	6	7	8	9	10
広	障	発	削	放	叙	格	眼	労	砕

11 蹶●起
12 抜萃●
13 戦歿●
14 交驩●
15 安佚●
16 技倆●
17 剿●滅
18 涸●渇
19 銷●沈
20 悖●徳

11	12	13	14	15	16	17	18	19	20
決	粋	没	歓	逸	量	掃	枯	消	背

問 次の二字熟語に含まれる**旧字体**を**新字体**に改めよ。

〈例〉該當→当

1 廳宣
2 晝夜
3 竊取
4 臺盤
5 製鹽
6 遞信
7 富嶽
8 點在
9 加擔
10 雙方

標準解答

1	2	3	4	5	6	7	8	9	10
庁	昼	窃	台	塩	逓	岳	点	担	双

問 次の二字熟語に含まれる**旧字体**を**新字体**に改めよ。

〈例〉虚僞→虚偽

1 懷爐
2 寶藏
3 歸參
4 輕擧
5 寫眞
6 鐵瓶
7 殘黨
8 證據
9 遲效
10 兒戲

標準解答

1	2	3	4	5	6	7	8	9	10
懐炉	宝蔵	帰参	軽挙	写真	鉄瓶	残党	証拠	遅効	児戯

問 次の二字熟語の**どちらかの字**を**旧字体**に改めよ。

〈例〉栄光→榮

1 湿度
2 団結
3 俗謡
4 塁壁
5 改鋳
6 魂胆
7 帯刀
8 照覧
9 脳天
10 猟官

標準解答

1	2	3	4	5	6	7	8	9	10
濕	團	謠	壘	鑄	膽	帶	覽	腦	獵

問 次の二字熟語を**二字とも旧字体**に改めよ。

〈例〉礼賛→禮贊

1 摂関
2 豊壌
3 厳粛
4 繊弱
5 発覚
6 霊験
7 従属
8 騒乱
9 称誉
10 払暁

標準解答

1	2	3	4	5	6	7	8	9	10
攝關	豐壤	嚴肅	纖弱	發覺	靈驗	從屬	騷亂	稱譽	拂曉

対義語・類義語

問 次の1～5の**対義語**、6～10の**類義語**を後の□の中から選び、**漢字**で記せ。□の中の語は一度だけ使うこと。

対義語

1 醇朴
2 瞻仰
3 嶮岨
4 終末
5 諠擾

類義語

6 邪推
7 跋扈
8 瞬息
9 逆睹
10 悔悛

かいびゃく・さいぎ・ざんげ
しょうけつ・せいひつ・たんい
たんげい・とっさ・ふかん
ろうかい

標準解答

1	2	3	4	5	6	7	8	9	10
老獪	俯瞰	坦夷	開闢	静謐	猜疑	猖獗	咄嗟	端倪	懺悔

対義語

1 安泰
2 受禅
3 披瀝
4 起筆
5 直截

類義語

6 蹣跚
7 末世
8 聳動
9 造詣
10 嚆矢

うんちく・えんきょく・かくひつ
きたい・ぎょうき・さんだつ
しんがい・そうろう・とうかい
らんしょう

標準解答

1	2	3	4	5	6	7	8	9	10
危殆	簒奪	韜晦	擱筆	婉曲	蹌踉	澆季	震駭	薀蘊蓄	濫觴

問 次の1～5の**対義語**、6～10の**類義語**を後の□の中から選び、**漢字**で記せ。□の中の語は一度だけ使うこと。

対義語

1 鄙俗
2 瀰散
3 巨大
4 剴切
5 善良

類義語

6 八荒
7 奢侈
8 天資
9 忿怒
10 戒飭

あくらつ・いしゅう・うだい
けんせき・しっとう・しんい
ぜいたく・とが・ひんしつ
わいしょう

標準解答

1	2	3	4	5	6	7	8	9	10
都	蝟	矮	失	悪	宇	贅	稟	嗔瞋	譴
雅	集	小	当	辣	内	沢	質	恚	責

対義語

1 剛毅
2 大廈
3 安佚
4 扶掖
5 宏闊

類義語

6 凌虐
7 逡巡
8 冀求
9 音物
10 落魄

おうしょう・きょうあい
きょうだ・じゅうりん・しょき
せいちゅう・ちぎ・ちんりん
ほうしょ・ろうきょ

標準解答

1	2	3	4	5	6	7	8	9	10
怯	陋	鞅	掣	狭	蹂	遅	庶	苞	沈
懦	居	掌	肘	隘	躙	疑	幾	苴	淪

問 次の**1**〜**5**の**対義語**、**6**〜**10**の**類義語**を後の□の中から選び、**漢字**で記せ。□の中の語は一度だけ使うこと。

対義語

1 倨傲
2 危惧
3 齟齬
4 哄笑
5 繋留

類義語

6 別懇
7 目蓋
8 徒然
9 嘲弄
10 絶筆

あんど・かいらん・かくりん
がんけん・けんよく・しんじつ
どうこく・ぶりょう・ふんごう
やゆ

標準解答

1	2	3	4	5	6	7	8	9	10
謙	安	吻	慟	解	親	眼	無	揶	獲
抑	堵	合	哭	纜	昵	瞼	聊	揄	麟

対義語

1 称讃
2 隠栖
3 懶惰
4 劈頭
5 狷狭

類義語

6 嫣然
7 鶴首
8 腹心
9 卑猥
10 専有

いんび・かっきん・かんじ
ぎょうぼう・ここう・しゅつろ
ちょうび・ばり・らいらく
ろうだん

標準解答

1	2	3	4	5	6	7	8	9	10
罵	出	恪	掉	磊	莞	翹	股	婬淫	壟
詈	廬	勤	尾	落	爾	望	肱	靡	断

問 次の1～5の**対義語**、6～10の**類義語**を後の□の中から選び、**漢字**で記せ。□の中の語は一度だけ使うこと。

対義語

1 黄昏
2 練達
3 帰納
4 犀利
5 曩祖

類義語

6 儔侶
7 肥沃
8 邁往
9 相剋
10 慙愧

えんえき・かんかく・こうゆ・じくじ・せいはい・どどん・ばくしん・ふかん・まつえい・れいめい

標準解答

1	2	3	4	5	6	7	8	9	10
黎明	不堪	演繹	駑鈍	末裔	儕輩	膏腴	驀進	捍扞格	忸怩

対義語

1 生誕
2 永劫
3 少壮
4 進捗
5 周到

類義語

6 繋縛
7 剛毅
8 嬰児
9 斧鉞
10 碧空

うかつ・がいてい・こうちゃく・しっこく・しゅうえん・すいこう・せつな・そうきゅう・ふとう・ろうもう

標準解答

1	2	3	4	5	6	7	8	9	10
終焉	刹那	老耄	膠着	迂闊	桎梏	不撓	孩提	推敲	蒼穹

問 次の**1**〜**5**の**対義語**、**6**〜**10**の**類義語**を後の□の中から選び、**漢字**で記せ。□の中の語は一度だけ使うこと。

対義語

1 雇傭
2 奇禍
3 潔浄
4 拡散
5 蘊藉

類義語

6 気儘
7 正鵠
8 震駭
9 乾坤
10 鏖殺

おわい・かくしゅ・ぎょうこう
けんかい・こうけい・しゅうれん
しょうじょう・せんめつ
せんりつ・ほうらつ

標準解答

1	2	3	4	5	6	7	8	9	10
馘首	僥倖	汚穢	収斂	狷介	放埒	肯綮	戦慄	霄壌	殲滅

対義語

1 禅譲
2 野趣
3 駿馬
4 荼毒
5 低劣

類義語

6 親狎
7 威嚇
8 躊躇
9 民草
10 掌握

がち・こうまい・じっこん
しゅうらん・そうぼう
てきちょく・どうかつ・どたい
ひえき・ほうばつ

標準解答

1	2	3	4	5	6	7	8	9	10
放伐	雅致	駑駘	俾裨 益	高邁	昵懇	恫 愒喝	躑躅	蒼氓	収攬

問 次の1〜5の**対義語**、6〜10の**類義語**を後の□の中から選び、**漢字**で記せ。□の中の語は一度だけ使うこと。

対義語

1 長生
2 恬澹
3 肥沃
4 過疎
5 緒言

類義語

6 雕琢
7 抜錨
8 雁書
9 誑惑
10 凄絶

かいらん・こうぶ・しれつ
せきとく・ちゅうみつ・どんらん
ばつご・まんちゃく・ようせい
るこく

標準解答

1	2	3	4	5	6	7	8	9	10
夭逝	貪婪	荒蕪	綢稠 密	跋語	鏤刻	解纜	尺牘	瞞着	熾烈

対義語

1 斬新
2 治癒
3 愉悦
4 麤笨
5 顕達

類義語

6 面妖
7 近時
8 狡猾
9 輔弼
10 蕭条

おうのう・けげん・せいち
せきりょう・ちんとう・ばんきん
ゆうえき・らくはく・りかん
ろうかい

標準解答

1	2	3	4	5	6	7	8	9	10
陳套	罹患	懊悩	精緻	落魄	怪訝	輓 今近	老獪	誘掖	寂寥

問 次の四字熟語の（1～10）に入る適切な語を後の□から選び、**漢字二字**で記せ。

（1）蹐地
（2）来臨
（3）附耳
（4）取義
（5）琢磨

落英（6）
跳梁（7）
酔歩（8）
為虎（9）
万目（10）

おうが・がいさい・きょくてん
じょうそく・せっさ・だんしょう
ばっこ・ひんぷん・ふよく
まんさん

標準解答

1	2	3	4	5	6	7	8	9	10
跼	枉	躡	断	切	繽	跋	蹣	傅	睚
天	駕	足	章	磋	紛	扈	跚	翼	眥

（1）秋月
（2）同心
（3）魯魚
（4）檻猿
（5）虎搏

茅屋（6）
狂言（7）
肉山（8）
乾坤（9）
依怙（10）

いってき・うえん・きご
さいてん・ひいき・ひょうこ
ほりん・りくりょく
りゅうじょう・ろうちょう

標準解答

1	2	3	4	5	6	7	8	9	10
氷	戮	烏	籠	竜	采	綺	脯	一	贔
壺	力	焉	鳥	攘	椽	語	林	擲	屓

問　次の四字熟語の（**1**～**10**）に入る適切な語を後の□から選び、**漢字二字**で記せ。

（1）望蜀　　勇気（6）
（2）犬吠　　車載（7）
（3）鮮明　　隔靴（8）
（4）閉月　　余韻（9）
（5）鳩居　　兵馬（10）

> きし・こうそう・じゃくそう
> しゅうか・じょうじょう
> そうよう・とくろう・とりょう
> りんりん・ろめい

標準解答

1	2	3	4	5	6	7	8	9	10
得隴	驢鳴	旗幟	羞花	鵲巣	凜凜／凜々	斗量	掻痒／掻癢	嫋嫋／嫋々	倥傯

（1）求遠　　融通（6）
（2）未雨　　墨痕（7）
（3）投筆　　百花（8）
（4）大悟　　豪華（9）
（5）模糊　　妖姿（10）

> あいまい・えんがん・かつぜん
> けんらん・ざいじ・せいほう
> ちゅうびゅう・びたい・むげ
> りんり

標準解答

1	2	3	4	5	6	7	8	9	10
在邇	綢繆	燕頷	豁然	曖昧	無碍／無礙	淋漓	斉放	絢爛	媚態

問 次の四字熟語の〔**1**〜**10**〕に入る適切な語を左の□から選び、**漢字二字**で記せ。またその四字熟語と**関係のあるものを下段**ア〜シから選び、〔**11**〜**20**〕に**記号**で記せ。

〔1〕千里…〔11〕
〔2〕巻舒…〔12〕
〔3〕玉折…〔13〕
〔4〕縹渺…〔14〕
〔5〕無礼…〔15〕

草満〔6〕…〔16〕
毫毛〔7〕…〔17〕
延頸〔8〕…〔18〕
円木〔9〕…〔19〕
風声〔10〕…〔20〕

いんぎん・かくれい・きょしょう
けいちん・じくろ・しんいん
せいき・ふか・らんさい・れいご

〈解説・意味〉

ア　人の来訪を待ち望むさま。
イ　戦いが続くこと。
ウ　災いは小さいうちに取り除くべきだ。
エ　苦労して勉学に励むこと。
オ　友人を切に思う。
カ　容姿や人格のすぐれた人の死。
キ　わずかなことにも驚き恐れる。
ク　国がよく治まっていること。
ケ　次々と連なるさま。
コ　表面は礼儀正しいが、実は尊大である。
サ　詩文などに妙なる趣のただようさま。
シ　強いものに更に力をつけること。

標準解答

書き取り

1	2	3	4	5	6	7	8	9	10
舳艫	旌旗	蘭摧	神韻	慇懃	囹 圉圄	斧柯	挙踵	警枕	鶴唳

解説・意味

11	12	13	14	15	16	17	18	19	20
ケ	イ	カ	サ	コ	ク	ウ	ア	エ	キ

問 次の四字熟語の〔1〜10〕に入る適切な語を左の□から選び、**漢字二字**で記せ。またその四字熟語と**関係のあるものを下段**ア〜シから選び、〔11〜20〕に**記号**で記せ。

〔1〕臆測…（11）
〔2〕充数…（12）
〔3〕不屈…（13）
〔4〕看戯…（14）
〔5〕長目…（15）

載籍〔6〕…（16）
光風〔7〕…（17）
笑面〔8〕…（18）
曲突〔9〕…（19）
桑田〔10〕…（20）

こうかん・ししん・しま
せいげつ・そうかい・ひじ
ふとう・やしゃ・らんう・わいし

〈解説・意味〉

ア 未然に災難を防ぐこと。
イ 書物が多いこと。
ウ 見識のないたとえ。
エ 思い通りにことが運ばない。
オ 心の底に一物のある人をいう。
カ 観察の鋭く深いこと。
キ 根拠のない当て推量。
ク 清明で執着のない心ばえの形容。
ケ 貴重なもの、重要な地位や名誉のたとえ。
コ どのような困難にもくじけないこと。
サ 無能な者が才能のあるように見せかける。
シ 世の転変の甚だしいこと。

標準解答

書き取り

1	2	3	4	5	6	7	8	9	10
揣摩	濫竽	不撓	矮子	飛耳	浩瀚	霽月	夜叉	徙薪	滄海

解説・意味

11	12	13	14	15	16	17	18	19	20
キ	サ	コ	ウ	カ	イ	ク	オ	ア	シ

問 次の四字熟語の〔1～10〕に入る適切な語を左の□から選び、**漢字二字**で記せ。またその四字熟語と**関係のあるものを下段**ア～シから選び、〔11～20〕に**記号**で記せ。

〔1〕捕影…〔11〕
〔2〕浅掲…〔12〕
〔3〕舜木…〔13〕
〔4〕同穴…〔14〕
〔5〕素餐…〔15〕

桃李〔6〕…〔16〕
八面〔7〕…〔17〕
春風〔8〕…〔18〕
鶴立〔9〕…〔19〕
社燕〔10〕…〔20〕

かいろう・きちょ・ぎょうこ けいふう・しい・しゅうこう しんれい・せいけい・たいとう ろっぴ

〈解説・意味〉

ア その場の状況に適切に対応する。
イ めざましい働きを見せるさま。
ウ とりとめがなくあてにならない。
エ 信頼をあつめること。
オ 夫婦仲の極めて良いこと。
カ 大きな建物のこと。
キ 徳を慕っておのずと人が集まる。
ク 何事もなく平穏な様子。
ケ 善言はよく聞き入れなければならない。
コ 職責を果たさず徒に俸禄を得る。
サ 心から待ち望むこと。
シ 逢ったかと思うと忽ち別れることのたとえ。

標準解答

書き取り

1	2	3	4	5	6	7	8	9	10
係繫	深	尭	偕	尸	成	六	駘	企	秋
風	厲	鼓	老	位	蹊	臂	蕩	佇	鴻

解説・意味

11	12	13	14	15	16	17	18	19	20
ウ	ア	ケ	オ	コ	キ	イ	ク	サ	シ

問 次の四字熟語の〔1～10〕に入る適切な語を左の□から選び、**漢字二字**で記せ。またその四字熟語と**関係のあるものを下段**ア～シから選び、（11～20）に**記号**で記せ。

〔1〕蒼生…（11）
〔2〕積玉…（12）
〔3〕魍魎…（13）
〔4〕潰堤…（14）
〔5〕鉄壁…（15）

竜蟠〔6〕…（16）
尾大〔7〕…（17）
海底〔8〕…（18）
被髪〔9〕…（19）
煮豆〔10〕…（20）

えいかん・こきょ・たいきん
ちみ・どうしょう・ねんき
ふとう・りんう・ろうぎ
ろうげつ

〈解説・意味〉

ア　気性がからりとして度量が大きいこと。
イ　兄弟の仲が悪いことのたとえ。
ウ　極めて堅牢な構え。
エ　恵みをあたえること。
オ　小さなことが大きな問題の原因になる。
カ　多くの富を集めること。
キ　地勢の要害堅固なさま。
ク　非常に急いで行動すること。
ケ　身を削るような苦労をすること。
コ　さまざまな化け物。
サ　実現不可能なことに労力を費やす。
シ　君主の統制が及ばないこと。

標準解答

書き取り

1	2	3	4	5	6	7	8	9	10
霖雨	堆金	魑魅	螻蟻	銅牆	虎踞	不掉	撈月	纓冠	然燃萁

解説・意味

11	12	13	14	15	16	17	18	19	20
エ	カ	コ	オ	ウ	キ	シ	サ	ク	イ

問 次の四字熟語の〔1～10〕に入る適切な語を左の□から選び、**漢字二字**で記せ。またその四字熟語と**関係のあるもの**を**下段**ア～シから選び、〔11～20〕に**記号**で記せ。

〔1〕名人…〔11〕
〔2〕握髪…〔12〕
〔3〕咨嗟…〔13〕
〔4〕剔抉…〔14〕
〔5〕轂撃…〔15〕

寸草〔6〕…〔16〕
因果〔7〕…〔17〕
切歯〔8〕…〔18〕
彫虫〔9〕…〔19〕
蓴羹〔10〕…〔20〕

けんま・しゅんき・せきし
せんぼう・てきめん・てんこく
とほ・はら・やくわん・ろかい

〈解説・意味〉

ア はるかに仰ぎみてため息をつくこと。
イ 故郷を懐かしく思う情。
ウ 隠れた人材を見つけ出して用いる。
エ 報いがすぐにあらわれる。
オ 賢者を熱心に求めるさま。
カ 心が清らかで澄んでいること。
キ 余計な小細工を弄すること。
ク 気力充分でりりしい。
ケ 大いなる徳を備えた人。
コ 混雑しているさま。
サ 非常に悔しがること。
シ 子の孝心は親の恩に及ばないということ。

標準解答

書き取り

1	2	3	4	5	6	7	8	9	10
碩師	吐哺	瞻望	爬羅	肩摩	春暉	覿面	搤扼腕	篆刻	鱸膾

解説・意味

11	12	13	14	15	16	17	18	19	20
ケ	オ	ア	ウ	コ	シ	エ	サ	キ	イ

問　次の四字熟語の〔1〜10〕に入る適切な語を左の□から選び、**漢字二字**で記せ。
またその四字熟語と**関係のあるものを下段**ア〜シから選び、（11〜20）に**記号**で記せ。

〔1〕当路…(11)
〔2〕追従…(12)
〔3〕弄月…(13)
〔4〕明珠…(14)
〔5〕羽衣…(15)

面折〔6〕…(16)
洒掃〔7〕…(17)
薤露〔8〕…(18)
左提〔9〕…(19)
魯魚〔10〕…(20)

あゆ・がいし・げいしょう
こうり・さいろう・しょうふう
しんすい・ていそう・ゆうけつ
よくい

〈解説・意味〉

ア　気に入られようとしての心のこもらない仕業。
イ　文字の書き誤り。
ウ　無実の嫌疑をかけられる。
エ　ありふれていて聞くに値しない。
オ　人生のはかないことのたとえ。
カ　互いに助け合うこと。
キ　はばかることなく直諫する。
ク　女性の美しく軽やかな着物。
ケ　あたたかい雰囲気。
コ　自然に親しみ風流を楽しむ。
サ　権力を握る者の暴虐なさま。
シ　家事に関する労働。

標準解答

書き取り

1	2	3	4	5	6	7	8	9	10
豺狼	阿諛	嘯風	薏苡	霓裳	廷諍	薪水	蒿里	右挈	亥豕

解説・意味

11	12	13	14	15	16	17	18	19	20
サ	ア	コ	ウ	ク	キ	シ	オ	カ	イ

問 次の四字熟語について、**問1**と**問2**に答えよ。

問1 次の四字熟語の（**1**〜**10**）に入る適切な語を後の□から選び**漢字二字**で記せ。

ア（**1**）十駕
イ（**2**）鏤骨
ウ（**3**）垢面
エ（**4**）帖耳
オ（**5**）虎視

カ 泉石（**6**）
キ 瑣砕（**7**）
ク 蹇蹇（**8**）
ケ 鏃礪（**9**）
コ 右顧（**10**）

> かつう・こうこう・さいじ
> さべん・どば・ひきゅう・ふしゅ
> ほうとう・めいき・りゅうじょう

問2 次の**11**〜**15**の**解説・意味**にあてはまるものを**問1**の**ア〜コの四字熟語**から一つ選び、**記号**（ア〜コ）で記せ。

11 情のこまやかなこと。

12 鈍才も努力すれば秀才と肩を並べることができる。

13 人にこびへつらう卑しい態度。

14 学識を磨き有為な人物になる。

15 世に威勢を示し意気盛んなこと。

標準解答

問1 書き取り

1	2	3	4	5	6	7	8	9	10
駑	銘	蓬	俯俛	竜	膏	細	匪	括	左
馬	肌	頭	首	驤	肓	膩	躬	羽	眄

問2 解説・意味

11	12	13	14	15
キ	ア	エ	ケ	オ

問 次の四字熟語について、**問1**と**問2**に答えよ。

問1 次の四字熟語の（1～10）に入る適切な語を後の□から選び**漢字二字**で記せ。

ア（1）乖隔
イ（2）北暢
ウ（3）沐雨
エ（4）千金
オ（5）低唱

カ 勇往（6）
キ 金声（7）
ク 海市（8）
ケ 蒼蠅（9）
コ 夙夜（10）

きび・ぎょくしん・けんれん
しっぷう・しんろう・せんしゃく
なんこう・へいそう・まいしん
むび

問2 次の11～15の**解説・意味**にあてはまるものを**問1**の**ア～コの四字熟語**から一つ選び、**記号**（ア～コ）で記せ。

11 非常に苦労すること。
12 現実性に乏しい考えや物事。
13 凡人が賢人に従って功績をあげる。
14 身のほどを知らずに思い上がる。
15 目的に向かって脇目もふらぬこと。

標準解答

問1 書き取り

1	2	3	4	5	6	7	8	9	10
牽攣	南洽	櫛風	敝弊帚	浅酌	邁進	玉振	蜃楼	驥尾	夢寐

問2 解説・意味

11	12	13	14	15
ウ	ク	ケ	エ	カ

問 次の四字熟語について、**問1**と**問2**に答えよ。

問1 次の四字熟語の（1～10）に入る適切な語を後の□から選び**漢字二字**で記せ。

ア（1）虎頸
イ（2）蛇行
ウ（3）一番
エ（4）不食
オ（5）自大

カ 拳拳（6）
キ 夢幻（7）
ク 繁文（8）
ケ 結跏（9）
コ 博引（10）

> えんがん・きんこん・じょくれい
> せいせつ・とせつ・ふくよう
> ふざ・ぼうしょう・ほうよう
> やろう

問2 次の11～15の**解説・意味**にあてはまるものを**問1**の**ア～コの四字熟語**から一つ選び、**記号**（ア～コ）で記せ。

11 身の程知らず。
12 賢者が登用されないままでいること。
13 遠国で諸侯に封じられる人の相。
14 形式や手続きが複雑で面倒なこと。
15 心に銘記して忘れない。

標準解答

問1 書き取り

1	2	3	4	5	6	7	8	9	10
燕頷	斗折	緊褌	井渫	夜郎	服膺	泡影	縟礼	趺坐	旁証

問2 解説・意味

11	12	13	14	15
オ	エ	ア	ク	カ

問 次の四字熟語について、問1と問2に答えよ。

問1 次の四字熟語の（1〜10）に入る適切な語を後の□から選び**漢字二字**で記せ。

ア（1）皓歯
イ（2）一炊
ウ（3）非宝
エ（4）三絶
オ（5）無欠

カ 天歩（6）
キ 暴虎（7）
ク 豪放（8）
ケ 嘔啞（9）
コ 奔放（10）

いへん・かんなん・きんおう
こうりょう・せきへき
ちょうたつ・ひょうが・ふき
めいぼう・らいらく

問2 次の11〜15の**解説・意味**にあてはまるものを問1の**ア〜コの四字熟語**から一つ選び、**記号**（ア〜コ）で記せ。

11 調子の狂った聞き苦しい乱雑な音。
12 書物を繰り返し読む。
13 時間の貴重なことのたとえ。
14 一生が夢のようにはかないこと。
15 血気にまかせた無謀な行動。

標準解答

問1 書き取り

1	2	3	4	5	6	7	8	9	10
明眸	黄粱	尺璧	韋編	金甌	艱難	憑河（馮河）	磊落	嘲哳	不羈

問2 解説・意味

11	12	13	14	15
ケ	エ	ウ	イ	キ

問 次の四字熟語について、**問1**と**問2**に答えよ。

問1 次の四字熟語の（1～10）に入る適切な語を後の□から選び**漢字二字**で記せ。

ア（1）閃電
イ（2）反正
ウ（3）掻痒
エ（4）浮薄
オ（5）北轍

カ 風光（6）
キ 一気（7）
ク 人心（8）
ケ 精励（9）
コ 七縦（10）

かせい・かっきん・けいちょう
しちきん・しゅうらん・なんえん
はつらん・へきれき・まこ
めいび

問2 次の11～15の**解説・意味**にあてはまるものを**問1**の**ア～コの四字熟語**から一つ選び、**記号**（ア～コ）で記せ。

11 勢いがあり素早いこと。
12 巧みに味方に引き入れる。
13 考えが浅く、うわついていること。
14 信頼をあつめること。
15 目的と行動が相反している。

標準解答

問1 書き取り

1	2	3	4	5	6	7	8	9	10
霹靂	撥乱	麻姑	軽窕佻	南轅	明媚	呵成	収攬	恪勤	七擒

問2 解説・意味

11	12	13	14	15
ア	コ	エ	ク	オ

問 次の四字熟語について、問1と問2に答えよ。

問1 次の四字熟語の（**1**〜**10**）に入る適切な語を後の□から選び**漢字二字**で記せ。

ア （1）渉河
イ （2）不羈
ウ （3）尽瘁
エ （4）激励
オ （5）燕説

カ 宵衣（6）
キ 老驥（7）
ク 八面（8）
ケ 筆力（9）
コ 横行（10）

えいしょ・かっぽ・かんしょく
きっきゅう・けんかい・こうてい
さんし・しった・ふくれき
れいろう

問2 次の**11**〜**15**の**解説・意味**にあてはまるものを**問1**の**ア〜コの四字熟語**から一つ選び、**記号**（ア〜コ）で記せ。

11 天子が政に励むこと。
12 固く自分の意志を守り協調しない。
13 こじつけること。
14 心身を捧げて努める。
15 どこから見ても曇りなく明るいさま。

標準解答

問1 書き取り

1	2	3	4	5	6	7	8	9	10
三豕	狷介	鞠躬	叱咤	郢書	旰食	伏櫪	玲瓏	扛鼎	闊歩

問2 解説・意味

11	12	13	14	15
カ	イ	オ	ウ	ク

問 次の**1**～**5**の**解説・意味**にあてはまる四字熟語を後の□から選び、その**傍線部分だけの読み**を**ひらがな**で記せ。

1 夫婦の仲むつまじいさま。

2 物事の始まり。

3 とっさの場合、また束の間。

4 古い習慣を改めず、その場をしのぐ。

5 父母に孝養を尽くすこと。

積悪余殃・九鼎大呂・琴瑟相和
因循苟且・造次顚沛・嚆矢濫觴
温凊定省・竜吟虎嘯

標準解答

1	2	3	4	5
きんしつ	こうし	てんぱい	こうしょ	おんせい

---

1 短い人生を楽しもうということ。

2 学問や品性の修養をして大成を期す。

3 無礼極まること。

4 公正で厳しい批評態度。

5 たいへんなごちそう。

筆削褒貶・喋喋喃喃・袒裼裸裎
罵詈讒謗・砥礪切磋・轗軻不遇
秉燭夜遊・炊金饌玉

標準解答

1	2	3	4	5
へいしょく	しれい	たんせき	ほうへん	せんぎょく

問 次の**1**〜**5**の**解説・意味**にあてはまる四字熟語を後の□から選び、その**傍線部分だけの読み**を**ひらがな**で記せ。

1 国の滅亡を嘆くたとえ。

2 いくさが止み世が治まること。

3 一度失敗して無益な用心をする。

4 絶世の美人のこと。

5 税などを厳しく取り立てる。

銅駝荊棘・一顧傾城・天空海闊
屋梁落月・偃武修文・懲羹吹膾
稲麻竹葦・苛斂誅求

標準解答

1	2	3	4	5
けいきょく	えんぶ	ちょうこう	けいせい	かれん

---

1 才能や徳を外にあらわに出さない。

2 苦学すること。

3 人品が気高く衆にすぐれている。

4 厳しい暑さのたとえ。

5 憚り無く主張して言を曲げぬ様子。

大廈高楼・蛙鳴蟬噪・流金鑠石
衣錦尚絅・侃侃諤諤・和気藹藹
瑶林瓊樹・鑿壁偸光

標準解答

1	2	3	4	5
しょうけい	さくへき	ようりん	しゃくせき	かんかん

問 次の故事・成語・諺の**カタカナ**の部分を**漢字**で記せ。

1 心正しければ則ち**ボウシ**瞭らかなり。

2 君は**ウ**の如く、民は水の如し。

3 鬼の**カクラン**。

4 **テイヨウ**藩に触れて、その角をつなぐ。

5 管を以て天を窺い**レイ**を以て海を測る。

6 窈窕たる淑女は**ゴビ**(注)にこれを求む。

7 **ホウロク**千に槌一つ。

8 修身**セイカ**治国平天下。

9 **コウガイ**死に赴くは易く、従容義に就くは難し。

(注) **ゴビ**…ねてもさめても

標準解答

1	2	3	4	5	6	7	8	9
眸子	盂	霍乱・癨乱	羝羊	蠡	寤寐	焙烙・炮烙	斉家	慷慨・忼愾

10 民を貴しと為し、**シャショク**之に次ぐ。

11 粟とも**ヒエ**とも知らず。

12 絶景というは**タルサカナ**(注)ありてこそ。

13 **カショ**の国に遊ぶ。

14 空谷の**キョウオン**。

15 **ヒニク**の嘆。

16 追う手を防げば**カラ**め手が回る。

17 お**ヒツ**に倚って断食する。

18 一飯の徳も必ず償い、**ガイサイ**の怨みも必ず報ゆ。

(注) **タルサカナ**…酒や酒のおかず

10	11	12	13	14	15	16	17	18
社稷	稗	樽肴・尊肴	華胥	跫音	髀肉・脾肉	搦	櫃	睚眥

問　次の故事・成語・諺の**カタカナ**の部分を**漢字**で記せ。

1 **ケサ**と衣は心に着よ。

2 **リョウチュウ**辛を忘る。

3 千丈の堤も**ロウギ**の穴を以て潰ゆ。

4 **アコギ**が浦に引く網。

5 痘痕も**エクボ**。

6 **キビ**に付す。

7 **オウム**よく言えども飛鳥を離れず。

8 鳩に三枝の礼あり、烏に**ハンポ**の孝あり。

9 **キュウカツ**を易う。

10 奔車の上に仲尼無く、**フクシュウ**の下に伯夷無し。

標準解答

1	2	3	4	5	6	7	8	9	10
袈裟	蓼虫	螻蟻	阿漕	笑窪・靨	驥尾	鸚鵡	反哺・返哺	裘葛	覆舟

11 **シノギ**を削る。

12 **リンキ**は恋の命。

13 倉廩実ちて**レイギョ**空し。

14 **ソクイン**の心は仁の端なり。

15 **ケ**にも晴れにも歌一首。

16 **シュクバク**を弁ぜず。

17 **シトク**の愛。

18 **アツモノ**に懲りて膾を吹く。

19 大旱の**ウンゲイ**を望むがごとし。

20 棘のない**バラ**はあっても、受苦を伴わない享楽はない。

11	12	13	14	15	16	17	18	19	20
鎬	悋気	囹圄・囹圉	惻隠	褻	菽麦	舐犢	羹	雲霓	薔薇・薔

問 次の故事・成語・諺の**カタカナ**の部分を**漢字**で記せ。

1 **イガグリ**も内から割れる。

2 親父の夜歩き、息子の**カンキン**。

3 **ルイセツ**の辱め。

4 触らぬ神に**タタ**りなし。

5 **テンダイ**の筆。

6 名を**チクハク**に垂る。

7 **シ**も舌に及ばず。

8 **カイドウ**睡り未だ足らず。

9 **セッキ**骨を銷す。

10 芸術家は創造しつつある間は**ケイケン**な宗教家である。

標準解答

1	2	3	4	5	6	7	8	9	10
毬栗	看経	縲紲・縲絏	祟	椽大	竹帛	駟	海棠	積毀	敬虔

---

11 **クンシュ**山門に入るを許さず。

12 **ヤスリ**と薬の飲み違い。

13 山の芋**ウナギ**とならず。

14 **ランジャ**の室に入る者はおのずから香ばし。

15 煽てと**モッコ**には乗りたくない。

16 **チチュ**が網を張りて鳳凰を待つ。

17 **アザミ**の花も一盛り。

18 藁にも**スガ**る思い。

19 **カンナン**汝を玉にす。

20 年寄りの言うことと牛の**シリガイ**は外れたことがない。

11	12	13	14	15	16	17	18	19	20
葷酒	鑢	鰻	蘭麝	畚	蜘蛛	薊	縋・攀	艱難	尻鞦・繋紂

問 次の故事・成語・諺の**カタカナ**の部分を**漢字**で記せ。

1 降らず照らず油**コボ**さず。
2 **レイスイ**の交わり。
3 考えと**ソクイ**は練るほど良い。
4 **ロクロ**首が油を嘗めるよう。
5 病**コウコウ**に入る。
6 一髪**センキン**を引く。
7 我が身を**ツネ**って人の痛さを知れ。
8 泥棒を捕らえて縄を**ナ**う。
9 **コンリョウ**の袖に隠れる。
10 人生根蔕無く、飄として**ハクジョウ**の塵のごとし。

標準解答

1	2	3	4	5	6	7	8	9	10
零・溢	醴水	続飯	轆轤	膏肓	千鈞	抓	綯	袞竜	陌上

---

11 同じ穴の**ムジナ**。
12 機嫌**キヅマ**を取る。
13 月と**スッポン**。
14 **キネ**で当たり、杓子で当たる。
15 **ロウボウ**珠を生む。
16 亭主の好きな赤**エボシ**。
17 飴を**ネブ**らせて口をむしる。
18 **ヒスイ**は羽を以て自ら害なわる。
19 医者の薬も**サジ**加減。
20 **ショウリョウ**深林に巣くうも一枝に過ぎず、偃鼠河に飲むも満腹に過ぎず。

11	12	13	14	15	16	17	18	19	20
狢・貉	気褄	鼈	杵	老蚌	烏帽子	舐	翡翠	匙・匕	鷦鷯

問 次の故事・成語・諺の**カタカナ**の部分を**漢字**で記せ。

1 人の**ゴボウ**で法事する。

2 白璧の**ビカ**。

3 福いは**マナジリ**に盈たず、禍いは世に溢る。

4 **シボク**の信。

5 兄弟牆に**セメ**げども外其の務りを禦ぐ。

6 人は闇を**イト**い光を愛す。

7 **ヒソ**みに効う。

8 **フギョウ**天地に愧じず。

9 切羽**ハバキ**する。

10 **シラミ**をたからせている人間は、誰でも痒がっていると思っている。

標準解答

1	2	3	4	5	6	7	8	9	10
牛蒡	微瑕	眥・睚	徙木	鬩	厭	顰・嚬	俯仰	鎺	蝨

---

11 明日は**エンブ**の塵ともならばなれ。

12 枳棘は**ランポウ**の棲む所に非ず。

13 **フユウ**の一期。

14 良馬は**ベンエイ**を見て行く。

15 **ジンコウ**も焚かず屁もひらず。

16 闇夜の**ツブテ**。

17 大匠は拙工の為に**ジョウボク**を改廃せず。

18 鶴**キュウコウ**に鳴き、声天に聞こゆ。

19 法螺と**ラッパ**は大きく吹け。

20 **ヒッキョウ**人間は好く生きる外に好く死ぬ道はありません。

11	12	13	14	15	16	17	18	19	20
閻浮	鸞鳳	蜉蝣	鞭影	沈香	飛礫 礫	縄墨	九皐	喇叭	畢竟

問　次の故事・成語・諺の**カタカナ**の部分を**漢字**で記せ。

1 **ココ**の声をあげる。

2 魚を得て**セン**を忘る。

3 **キヨ**相半ばす。

4 **ナマリ**は国の手形。

5 天に**セグクマ**り地に蹐す。

6 猛火**リョウゲン**より甚だし。

7 **テイワ**の内、蛟竜を生ぜず。

8 **ソウリン**実ちて礼節を知る。

9 **セッカク**(注)の屈するは以て信(の)びんことを求むるなり。

（注）セッカク…しゃくとりむし

標準解答

1	2	3	4	5	6	7	8	9
呱呱 / 呱々	筌	毀誉	訛・譌	跼	燎原	蹄窪	倉稟 / 倉廩	尺蠖

10 秋の日は**ツルベ**落とし。

11 **リュウジョ**の才。

12 焼け野の**キギス**夜の鶴。

13 **コウリョウ**一炊の夢。

14 渡り**ヒヨドリ**戻り鵯。

15 画竜**テンセイ**を欠く。

16 **サイロウ**路に当たる、安んぞ狐狸を問わん。

17 **ハモ**も一期、海老も一期。

18 大功を天下に建つる者は必ず先ず**ケイモン**(注)を内に修む。

（注）ケイモン…家庭

10	11	12	13	14	15	16	17	18
釣瓶	柳絮	雉子 / 雉	黄粱	鵯	点睛	豺狼	鱧	閨門

問 次の故事・成語・諺の**カタカナ**の部分を**漢字**で記せ。

1 普天の下、**ソット**の浜。
2 内**クルブシ**は蚊に食われても悪い。
3 生け**ス**の鯉。
4 **タデ**食う虫も好き好き。
5 **ウダツ**が上がらぬ。
6 **カンシャクダマ**を踏み潰す。
7 飽かぬは君の**ゴジョウ**。
8 **アツウン**の曲。
9 当て**コテ**なしに左官はできぬ。
10 **シンイ**去り難し家を守る狗の如し、慈心失い易し彼の野鹿の如し。

標準解答

1	2	3	4	5	6	7	8	9	10
率土	踝	簀	蓼	卯建 / 梲	癇癪玉	御諚	遏雲	鏝	瞋 / 嗔恚

11 **ホゾ**を噬む。
12 甘瓜**クテイ**を抱く。
13 **イッキ**に十たび起つ。
14 **カンタン**の夢。
15 過ちを改むるに**ヤブサ**かにせず。
16 **シモク**大なれど視ること鼠に若かず。
17 書を**タシナ**むは酒をたしなむがごとし。
18 **スウジョウ**に詢る。
19 **リンゲン**汗の如し。
20 三十輻**イッコク**を共にす。其の無なるに当たりて車の用あり。

11	12	13	14	15	16	17	18	19	20
臍	苦蔕	一饋	邯鄲	吝・悋・嗇	鴟目	嗜・耆	芻蕘	綸言	一轂

問 次の故事・成語・諺の**カタカナ**の部分を**漢字**で記せ。

1 相手のない**ケンカ**はできぬ。
2 **トソウ**の人、何ぞ算うるに足らんや。
3 **リリョウ**頷下の珠。
4 **イ**り豆に花が咲く。
5 五寸の鍵**カイコウ**を制す。
6 **ノウチュウ**の錐。
7 **ガイフウ**南よりして彼の棘心を吹く。
8 大行は**サイキン**を顧みず。
9 **クンユウ**は器を同じくせず。
10 **カワウソ**多ければ則ち魚擾れ、鷹衆ければ則ち鳥乱る。

標準解答

1	2	3	4	5	6	7	8	9	10
喧嘩・諠譁	斗筲	驪竜	煎・炒・熬	開闔	嚢中	凱風	細謹	薫蕕	川獺・水獺

11 他人の**センキ**を頭痛に病む。
12 **ロウ**を得て蜀を望む。
13 **イッサン**を博す。
14 目は毫毛を見るも**マツゲ**を見ず。
15 **フンケイ**の交わり。
16 **ナメクジ**に塩。
17 盗人に糧を**モタラ**す。
18 牛が**イナナ**き馬が吼える。
19 **ベツ**人を食わんとして却って人に食わる。
20 身体髪膚之を父母に受く、敢えて**キショウ**せざるは孝の始めなり。

11	12	13	14	15	16	17	18	19	20
疝・疝気	隴	一粲	睫・睫毛	刎頸	蛞蝓	齎	嘶	鼈	毀傷

問 次の故事・成語・諺の**カタカナ**の部分を**漢字**で記せ。

1 過ちては則ち改むるに**ハバカ**ること勿れ。

2 **ムツ**まじき中に垣をせよ。

3 藜羹を食らう者は**タイロウ**の滋味を知らず。

4 豆腐に**カスガイ**。

5 **コンニャク**で石垣を築く。

6 立てば**シャクヤク**座れば牡丹。

7 **リンキ**嫉妬も正直の心より起こる。

8 千日の**カンバツ**に一日の洪水。

9 **コウシツ**の交わり。

10 朝菌は晦朔を知らず、**ケイコ**は春秋を知らず。

標準解答

1	2	3	4	5	6	7	8	9	10
憚	睦	太大 牢	鎹	菎蒟 蒻	芍 薬	悋 気	干旱 魃	膠 漆	蟪 蛄

11 師の拠る所**ケイキョク**生ず。

12 **キンカ**一日の栄。

13 両葉去らずんば**フカ**を用うるに至る。

14 **イアク**の臣。

15 **ショウチ**本来定主無し。

16 千金の裘は一狐の**エキ**に非ず。

17 **インカン**遠からず。

18 **ボロ**を着ても心は錦。

19 **カギュウ**角上の争い。

20 我々の自己**ギマン**は一たび恋愛に陥ったが最後、最も完全に行われるのである。

11	12	13	14	15	16	17	18	19	20
荊 棘	槿 花	斧 柯	帷 幄	勝 地	腋・ 掖	殷 鑑	襤 縷褸	蝸 牛	欺 瞞

問 次の故事・成語・諺の**カタカナ**の部分を**漢字**で記せ。

1 菩提即**ネハン**。

2 **キンシツ**相和す。

3 **ナマコ**の油揚げを食う。

4 珠玉の**ガレキ**に在るが如し。

5 二卵を以て**カンジョウ**の将を棄つ。

6 **コハク**は腐芥を取らず。

7 疾風に**ケイソウ**を知り、世乱れて誠臣有り。

8 空き家で声**カ**らす。

9 耳に**タコ**ができる。

10 人間の苦しみの中で、**サイギ**心という奴が一番苦しいものかな。

標準解答

1	2	3	4	5	6	7	8	9	10
涅槃	琴瑟	海鼠	瓦礫	干城	琥珀	勁草	嗄	胼胝・胼胝	猜疑

---

11 **イツボウ**の争い。

12 **スイキョウ**して天下治まる。

13 **タイカ**の材は一丘の木に非ず。

14 **シャショク**墟となる。

15 **カンポウ**の交わり。

16 秋**カマス**は嫁に食わすな。

17 亀の年を鶴が**ウラヤ**む。

18 **ネイゲン**は忠に似たり。

19 **アウン**の呼吸。

20 発すること鏃矢の如く、動くこと**ライテイ**の如し。

11	12	13	14	15	16	17	18	19	20
鷸蚌	垂拱	大廈	社稷	管鮑	魳・梭魚・梭子魚	羨	佞言	阿吽	雷霆

問 次の故事・成語・諺の**カタカナ**の部分を**漢字**で記せ。

1 **イッチュウ**を輸す。
2 川淵深くして**ギョベツ**之に帰す。
3 **セイカ**丹田に力を入れる。
4 **ジャコウ**も嗅げば脳に入る。
5 弱り目に**タタ**り目。
6 三界の火宅、**シク**の露地。
7 **ウツバリ**(注)の塵を動かす。
8 鶍の**ハシ**の食い違い。
9 積善の家には必ず余慶あり。積不善の家には必ず**ヨオウ**あり。

(注) **ウツバリ**の塵…はりの上の塵

標準解答

1	2	3	4	5	6	7	8	9
一籌	魚鼈	臍下	麝香	祟	四衢	梁	嘴・觜	余殃

10 丈夫は玉砕するも**センゼン**(注)を恥ず。
11 常に**リョウウン**の志あり。
12 九仞の功を**イッキ**に虧く。
13 我に妻子**ケンゾク**なし、ただ書画あり。
14 **カンカ**を交える。
15 禍福は**アザナ**える縄の如し。
16 老牛**トク**を舐る。
17 倹約と**リンショク**は水仙と葱。
18 騏驥の**キョクチョク**するは、駑馬の安歩するに如かず。

(注) **センゼン**…つまらないものとなって生きながらえる

10	11	12	13	14	15	16	17	18
甎全	陵凌雲	一簣	眷属族	干戈	糾・糺	犢	吝嗇	跼蹐

三　文章

解説

M

文章

三 文章

これまで様々な側面から、日本語の重要な構成要素としての漢字に照明を当ててきましたが、漢字の学習が単に漢字そのもの、その形・音・義を習得して終了するというものでないことは最早自明でしょう。漢字は、漢字と仮名を併せ用いる書記言語としての日本語の文章中で使われる文字であるというだけでなく、特定の漢字を選び用いるということ自体が、日本語における語や句の表現として、書き手の思想や感情を伝える媒体ともなっています。漢字の学習は、同時に日本語の歴史の中で用いられてきた語や句の学習であり、そのことを通してわたしたちの日本語を洗練させ語彙を豊かにすること、わたしたちの言語に厚みを加えることも可能になります。

漢字の字種については、まず日常的な言語生活において自他の間の意思疎通を図りコミュニケーションを円滑にするために不可欠とされる常用漢字表の字種二一三六字を習得することによって、言語的にいわば社会人の資格を得たということになります。この基盤の上に、自分の漢字力をその中心の一つとする国語力を、不断に増強し、充実させる努力を続けることによって、わたしたちの一人一人が、豊かな知識と教養に支えられた言語的な世界を構築することもできるはずです。それは豊かな日本の言語文化を我がものとする喜びを得る道にも通じています。日本漢字能力検定（以下、「漢検」）の社会的使命も、人々がそれぞれの言語生活を高める過程に寄与しうることを措いてありません。

和漢の古典に親しみ、明治期以降の知識人、文学者の著述を読む楽しみを享受するには、それに対応しうるだけの漢字力、語彙力を血肉化するための努力を怠ることはできません。

ここでは、文語であると口語であるとを問わず、過去の日本語、主として明治期以降の近代の文学、思想、随想などの文章における漢字使用の生きた実例を体験します。常用漢字という枠の取り外された日本語の表記の世界がここにあります。わたしたちはここに、現在の日本語の表記に至るまでの、先人たちの苦闘と見事な達成を目撃することができるでしょう。そして、わたしたちが現在その内にある日本語の状況も、長い日本語の歴史における一状況であることが如実に体感されるかと思います。わたしたちの誰もが日本語の歴史に参画しているのです。

戦後の一連の国語施策、就中、漢字の制限的な使用を意図した当用漢字表の時代をすでに経験した、現代の多様な書記言語の状況において、過去の伝統文化を記録し継承することに加えて、現今の社会的事象や思想的な営為に言語的な表現を付与しようとすれば、漢字の字種はＪＩＳ第一・第二水準の約六千字種を上回って使用されざるをえないという現実は十分に認識しておく必要があるでしょう。漢検1級に至る学習もそのような歴史的・社会的な現実に応えうる力を育てる学習として意味づけられます。

問 文章中の傍線（1〜10）の**カタカナ**を**漢字**に直し、波線（ア〜コ）の**漢字**の**読み**を**ひらがな**で記せ。

A 現代の教育はいかほど日本人を新しく狡猾[ア]にしようと力めても今だに一部の愚昧なる民の心を奪う事が出来ないのであった。路傍の淫祠に祈願を籠め欠けたお地蔵様の頸に**ヨダレ**[1]掛けをかけてあげる人達は娘を芸者に売るかも知れぬ。義賊になるかも知れぬ。無尽や**トミクジ**[2]の僥倖[イ]のみを夢見て居るかも知れぬ。然し彼等は他人の私行を新聞に投書して復讐を企てたり、正義人道を名として金をゆすったり人を迫害したりするような文明の武器の使用法を知らない。

（永井荷風「日和下駄」より）

B 大丈夫の一世に立つや、必ず一の抱く所なくんばあらず。建築家の役々として其の業に従うや、幾多の歳月を費やして後、確かに巍乎[ウ]たる楼閣を起こすの算あり。然れども衆目衆耳の聳動[エ]することなき事業にして、或いは大いに世界を震うことあるなり。盲目なる世眼を盲目なる儘に睨ましめて、真贄なる霊剣を空際に撃つ雄士は、人間が感謝を払わずして恩沢を蒙[オ]る神の如し。

自然は吾人に服従を命ずるものなり、力としての自然は、吾人を暴圧することを**ハバカ**[3]らざるものなり。然れども自然は吾人をして失望**ラクハク**[4]の極、遂に甘んじて自然の力に

標準解答 書き取り

1	2	3	4	5	6	7	8	9	10
涎	富籤・鬮	憚	落魄	煩悶	能事	起臥	慄然	縋・攀	爛・糜・靡

服従し了するまでに、吾人を困窘[カ]せしめざるなり。造化主は吾人に許すに意志の自由を以てす。現象世界に於いて[5]**ハンモン**苦戦する間に、吾人は造化主の吾人に与えたる大活機を利用して、猛虎の牙を弱め、倒崖の根を堅うすることを得るなり。現象以外に超立して、最後の理想に到着するの道、吾人の前に開けてあり。自然の力をして縦に吾人の脛脚を控縛せしめよ、然れども吾人の頭部は大勇猛の権（ちから）を以て、現象以外の別乾坤にまで挺立せしめて、其処に大自在の風雅と逍遥せしむべし。彼の物質的論家の如きは、世界を狭少なる家屋となして、其の家屋の内部を整頓するの外には一世の[6]**ノウジ**なしとし、甘んじて爰[キ]に[7]**キガ**せんとす、而して風雨の外より犯す時、雷電の上より襲う時、[8]**リツゼン**として恐怖するを以て自らの運命とあきらめんとす。

（北村透谷「人生に相渉るとは何の謂ぞ」より）

C　市九郎は、現住明遍大徳衲の袖に[9]**スガ**って、懺悔の真を致した。上人は遉[ク]に、此の極重悪人をも捨てなかった。

市九郎は、上人の言葉を聴いて、又更に懺悔の火に心を[10]**タダ**らせて当座に出家の志を定めた。彼は、上人の手に依って得道して、了海と法名を呼ばれ、只管[ケ]仏道修業に肝胆を砕いたが、道心勇猛の為か、僅か半年に足らぬ修行に、行業は氷霜よりも皎く、朝には三密の行法を凝らし、夕べには秘密念仏の安座を離れず、二行彬々[コ]として豁然智度の心萌し、天晴れの知識となり済ました。

（菊池寛「恩讐の彼方に」より）

読み

ア	イ	ウ	エ	オ	カ	キ	ク	ケ	コ
こうかつ	ぎょうこう	ぎこ	しょうどう	こうむ	こんきん	ここ	さすが	ひたすら	ひんぴん

問 文章中の傍線（1〜10）の**カタカナ**を**漢字**に直し、波線（ア〜コ）の**漢字**の**読み**を**ひらがな**で記せ。

A 一道の細径を趁うて、遂に裏見瀑の末流なる荒沢の渓流の潺々[ア]として遠く聞こゆるあたりに来たりしが、紅葉の美しさは、坐[イ]に人目を聳たしむるに足れり。滝に対せる茶店の床に少憩すること一霎時[ウ]、遂に懸崖の上につけられたる**ケイキョク**[1]の間の道を、押し分け押し分けのぼり行きしが、それとなく後ろを顧みれば、紅なる楓樹の叢は、黄なる楢林の群と相接し、樺色の森は鳶色の林と相交わり、さながらいろいろさまざまなる色したる大なる**マリ**[2]をいくつとなく重ね上げたるものの如く見えぬ。これに加うるに、裏見瀑の瀉下する音鞺然（とうぜん）として四山を動かし、その勢の盛んなる決して谷中にて聞きたるものの比にあらず。

（田山花袋「秋の日光山」より）

B **フギョウ**[3]して両間の万物を察するに、其の**ソウボウ**[4]活潑なる、未だ嘗て水に勝れるものあらじ。其の溝渠[エ]に流れ、河海に**ミナギ**[5]るや、鞺鞳（とうとう）声あり、澎湃[オ]浪を起こす。泉となりては庭上に坌出（ふんしゅつ）し、雨となりては屋下に瀉下し、或いは微風に弄せられて静池俄かに碧漣を生じ、或いは小鮮に攪せられて鏡面倏ち波紋を見る、其の駛激奔騰嘗て一瞬も歇止することなきに非ずや。然れども此くの如く活潑なる水の、忽ち理境の幻術に束縛せられて、

標準解答
書き取り

1	2	3	4	5	6	7	8	9	10
荊棘	毬・鞠	俯仰	匆忽 忙	漲	擡	玲瓏	梟雄	乾坤	俾睥 倪睨

毫も運動する能わざるに至るは、諸子其れ之を見ざるか。冬日天色寒く厳霜下るの晨に当たりて、窓を開きて外間を一瞥すれば、昨日まで家を環りて徐流したる溝渠は、凝結して[カ]毫釐も動かず、其の激して声をなしたる石は、氷に閉じられて眠り、復糸竹合奏の声なし。首を[6]**モタ**げて屋瓦を看よ。軒に噪ぐの鳥雀こそ、幻魔の術に眩ませられざれ、且に降らんとするの滴水は、凝結せられて透明なる氷柱に変じ、美麗の晶簾となりて[キ]簷端に懸かる。梢上の点滴、葉面の雨露、亦皆化して[7]**レイロウ**なる小球と為る。又噴泉は一条の氷樹と為りて、晶幹高く聳え、銀色の枝朶を垂るるを見ん。（山県悌三郎「理科仙郷 第一講」より）

C 天耶、時耶、燕王の胸中颶母まさに動いて黒雲飛ばんと欲し、張玉、朱能等の猛将[8]**キョウユウ**、眼底紫電閃いて雷火発せんとす。燕府を挙って殺気陰森たるに際し、天も亦応ぜるか、時抑至れるか、[ク]飆風暴雨卒然として大いに起こりぬ。蓬々として始まり、号々として怒り、奔騰狂転せる風は、沛然として至り、澎然として[ケ]瀉ぎ、猛打乱撃するの雨と伴って、[9]**ケンコン**を震撼し樹石を動盪しぬ。燕王の宮殿堅牢ならざるにあらざるも、風雨の力大にして、高閣の簷瓦吹かれて空に飄り、砉然（けき）として地に堕ちて粉砕したり。大事を挙げんとするに臨みて、これ何の兆ぞ。さすがの燕王も心に之を悪みて色[コ]懌ばず、風声雨声、竹折るる声樹裂くる声、物凄まじき天地を[10]**ヘイゲイ**して惨として隻語無く、王の左右もまた粛として言（ものい）わず。

（幸田露伴「運命」より）

読み

ア	イ	ウ	エ	オ	カ	キ	ク	ケ	コ
せんせん	そぞろ	しょうじ	こうきょ	ほうはい	ごうり	えんたん のきば	ひょうふう	そそ	よろこ

問　文章中の傍線（1〜10）の**カタカナ**を**漢字**に直し、波線（ア〜コ）の**漢字**の**読み**を**ひらがな**で記せ。

A　明治九年六月二十八日、朝野新聞社局長兼新聞供養大施餓鬼大幹事成島柳北頓首頓首再拝。恭しく濁酌（注）粗羞の奠[ア]を具えて汝新聞紙の霊に告ぐ。嗚呼我が日本帝国の未だ開明に至らざる往時の天地を回顧すれば、三千余万の人民は各五官四肢を備えて生まるれども、皆蠢然[イ]として芋虫の如く、口に一言を吐く能わず筆に一論を草するを得ず、唯政府の令する所官吏の言う所を以て最上無比の道理と尊奉したる而已（のみ）。しかるに汝が西の方万里の大洋を航して我が帝国に来たりしより、我が国人は始めて**ガンロウ**[1]の旧夢を覚まし、口を張り筆を揮い、正論讜議（とうぎ）以て全国の元気を**シンキ**[2]せり。汝が薄弱なる天質を以て能く此の重任を担い、日夜倦まず怠らず、遂に天下の乱臣賊子**カンリ**[3]頑民をして其の肝胆を寒からしむるに至る。汝の功徳、何ぞ其れ大なるや。是我が輩が耒耜（らいし）を南畝[ウ]に擲[エ]ち、枕席を北窓に斂[オ]め、奔走勤苦して汝と**カフク**[4]を共にせんと誓いし所以なり。汝の功徳は斯くの如く其れ大なりと雖も、汝の罪も亦甚大にして其の功徳の能く償うところに非ざるを知る。抑汝は我が輩**ソウコ**[5]執簡の士を其の範囲中に籠絡し、常に賢明なる政府の律令を駁議し、賢明なる官吏の品行を指摘し、我が東京府下より、遠く四隅に至る迄、精密に探偵して以て衆人の過失を采録す。甚だしきに至っては之を**ヒボウ**[6]し之を譏毀[カ]し、又甚だしきに至っては恐

標準解答
書き取り

1	2	3	4	5	6	7	8	9	10
頑陋	振起	姦奸 吏	禍福	操觚	誹謗	怒罵	杞憂	黎明	静謐

れ多くも政府を変壊し国家を顛覆するの文章を綴って之を遠邇[キ]に播く。其の罪豈[ク]軽しとせんや。然る故に、或いは赫然たる廟堂の震怒に触れ、粛然たる法廷の憲律を犯して、以て惨苦を牢獄の中に吃する者有るに至る。

（注）濁酌粗羞の奠…喪葬の際、濁り酒と粗末ではずかしいほどの物を供えて祭ること。またはその物についての謙辞。

（成島柳北「新聞紙を祭る文」より）

B　吾人は今日に於いて当時に於ける露西亜の如く、髪を斬り、ガリバルヂー帽を戴く程の急進的の女学生を一人も吾人の周囲に見出す事が出来ないけれども、世の老人や教育家が婦人の個人意識を悪む事は慥[ケ]かにアレキサンダー二世に優るとも劣らないのを見た。これらの老人連は曾ては女学生の堕落を[7]**ドバ**し、その意気の銷沈を[8]**キユウ**したけれども夜は[9]**レイメイ**に至って一入[コ]暗く且つ静かである。青年男女が恋愛に酔い、憂愁に耽ったのは、皆個人意識の影であって日の出前の暗黒と[10]**セイヒツ**とに例うべきものであった。

（白柳秀湖「放たれたる少女を想う」より）

読み

ア	イ	ウ	エ	オ	カ	キ	ク	ケ	コ
てん	しゅんぜん	なんぽ	なげう	おさ	ざんき	えんじ	あに	たし	ひとしお

読み
書き取り
対義語・類義語
四字熟語
故事・成語・諺
文章

問 文章中の傍線（1〜10）の**カタカナ**を**漢字**に直し、波線（ア〜コ）の**漢字**の**読み**を**ひらがな**で記せ。

A 知識の進歩は歳月と与(とも)に弥々速やかに、相距(さ)る僅かに三五年にして、往々非常の**ケンカク**[1]を生ずることあり。一の新たなる思考出ずれば、更に新たなる思考の次ぎ出ずるあり、幾多の新たなる思考接出して、茲[ア]に多様の新知識を萌生[イ]し、而して萌生の勢太だ速やかなるものあり。一たび蒸気の発明あり、尋(つい)で電気の発明ありてより、続生層出し来れる発明は滾々[ウ]として竭[エ]きず。情は之と反し、孤身孑立[オ]一己を限り、毫も外界との交際を求めざるも可、たとえ窮山に僻処し糜鹿[カ]を侶とするも、都会に雑住して日夕交際に忙わしき者と甚だしき**ケイテイ**[2]ある莫けん。情は則ち然りと**イエド**[3]も、知識は能う丈広く接し汎(あまね)く交わり、汲々として之を求むるに勤めざるべからず。若し怠りて微(すこ)しく之を廃せんか、忽ちにして他の後えに落ち、漸く時勢と遠ざかるに終わる。列国人民皆鋭意知識を開発するに之黽め、其の進歩の速やかなる真に驚くべき者あるに際し、孤身僻在しては、如何に罩心精考して工夫を凝らすも、到底之に**キッコウ**[4]し得べからず。唯世界に於ける知識の発達に注目し、**シュユ**[5]も懈ることなく、以て其の進捗せる所を採取するに淬励[キ]すべきを要す。

（三宅雪嶺「ハイカラー及び新知識」より）

標準解答

書き取り

1	2	3	4	5	6	7	8	9	10
懸隔	逕庭（径庭）	雖	頡頏（拮抗）	須臾	鶺鴒	朔風	蟄	繽紛	閃電

B 既にして新涼動き、気味水の如く、灯火読書両つながら親しむべく、玉露金風、虫声満地、時に[6]**セキレイ**鳴きて、鴻雁来たり、燕子返り、菊花紅葉、白霜黄橙、[ク]禾果斉しく実る。既にして虹蔵れ、[7]**サクフウ**木葉を払い、熊穴に[8]**チッ**して、鹿角落ち、天凝り、地閉じ、六花[9]**ヒンプン**、其の活力の現存を表示するものは、松柏科、厚皮香科植物と側金盞（ふくじゅそう）、欵冬（かんとう）、水蘄（せり）の如き草類のみ。

（志賀重昂「日本風景論」より）

C フォースト出でてより幾年ならず、以太利（イタリー）に[ケ]飄遊して豪逸峭崛の名をチャイルド、ハロルドに震いしバイロンの手に成れるマンフレッドなる戯曲出ず。バイロンは此の時尚壮にして其の心想漸く詩情より実動を渇望するの域に進み、其の書架を、其の寝牀を、其の医師を、其の従者を載せて、富豪なる貴族の華奢を尽くしてアルプス山を越え、自ら詩界のナポレオンを以て許さんとし、峰巒を疾呼し、懸瀑を号令し、[10]**センデン**暴雷を指揮し、崇厳なる自然を透視し、其の幽玄なる至境に向かって[コ]万斛の熱涙を傾瀉し去って凱旋のシイザルに似たる意気を以て三寸筆頭に迸洩せしもの即ちこのマンフレッドなり。

（北村透谷「マンフレッド及びフォースト」より）

読み

ア	イ	ウ	エ	オ	カ	キ	ク	ケ	コ
ここ	ほうせい ぼうせい	こんこん	つ	けつりつ げつりゅう	びろく	さいれい	かか	ひょうゆう	ばんこく

問 文章中の傍線（1〜10）の**カタカナ**を**漢字**に直し、波線（ア〜コ）の**漢字**の**読み**を**ひらがな**で記せ。

A 背後に[ア]蔚然たる五山文学の学芸あり、世は南北朝の[イ]暗澹たる底流の上に立って興廃常なき中に足利義満等の夢幻の如き栄華は一時に噴火山上の享楽を世上に流通せしめた。この前後の芸術一般が持つ美には、それゆえ毎に無常迅速の哀感を内に[ウ]孕み、外はむしろ威儀の[1]**タクゼン**たるものがあった。猿楽は寺坊の間から起ってこれらの将軍と公卿との[2]**チョウジ**となり、更に慰楽に飢えた民衆一般の支持をうけ、遠く[エ]辺陬の地にまで其の余光を分かった。能面の急激な発達は斯くして成就せられたのである。仏像の彫刻がただ形式の踏襲に終始し、ただ工人的[3]**マッショウ**技巧のめまぐるしい累積となり終わった時、此の新興芸術たる物まねの生命たる仮面の製作には実に驚くべき斬新の美が創り出された。

能面は物まね演技の劇中人物を表現すべきものであるという条件が、その製作者をして勢い活世間の人間の面貌にまず注視を向けしめた。しかも仏像の類と違って賢愚雅俗のあらゆる人面の芸術的表現を余儀なくさせた。これは人を救う仏でなくて、仏に救われる煩悩の徒である。これは尊崇[オ]措かざる聖者の肖像ではなくして、浮世になみいる妄執に満ちた[4]**レンビン**すべき餓鬼の相貌である。賢愚おしなべて哀れはかない運命の波に浮沈する[5]**モウキ**の面貌である。彼岸の仏菩薩でなくて、吾が隣人であり、又自己そのものである。

（高村光太郎「美の日本的源泉」より）

標準解答
書き取り

1	2	3	4	5	6	7	8	9	10
卓然	寵児	末梢	憐愍・憐憫	盲亀	世知・世智	真摯	誘掖	凌侮・陵侮	忽

B　「いき」は「浮かみもやらぬ、流れのうき身」という「苦界（くがい）」にその起原をもっている。そうして「いき」のうちの「諦め」したがって「無関心」は、[6]**セチ**辛い、つれない浮世の洗練を経てすっきりと垢抜けした心、現実に対する独断的な執着を離れた[カ]瀟洒として未練のない[キ]恬淡無碍の心である。「野暮は揉まれて粋となる」というのはこの[ク]謂にほかならない。[ケ]婀娜っぽい、かろらかな微笑の裏に、[7]**シンシ**な熱い涙のほのかな痕跡を見詰めたときに、はじめて「いき」の真相を把握し得たのである。

（九鬼周造「「いき」の構造」より）

C　上は暴戻官吏の失体を刺衝して以て其の暴戻を擅にせしめず、下は卑屈人民の頑陋を[8]**ユウエキ**して以て其の卑屈に安んぜしめず、外は[コ]奸猾なる洋人の[9]**リョウブ**を防いで以て其の奸猾を逞しゅうせしめず、内は国家の独立を維持して以て益強盛ならしむるものは、彼の雑誌新聞に非ずして猶他に優出したる機器ある乎。然りと雖も、其の功用の大なる者も、其の反対の作用をなせば亦異常有害物たらざるを得ず。然り而して現今我が内国に発兌する所の雑誌新聞は其の二種の孰れに居るべき乎を探討吟味するは、吾人の決して[10]**ユルガ**せにすべからざる処なり。故に吾人は其の困難に拘わらず、吾人が脳力の及ばん限り之を分析解剖して以て今日の雑誌新聞が果たして社会に益あるか将害ある乎を説明せんと欲するなり。

（国沢会造「新聞分析論」より）

読み

ア	イ	ウ	エ	オ	カ	キ	ク	ケ	コ
うつぜん	あんたん	はら	へんすう	お	しょうしゃ	てんたん	いい	あだ	かんかつ

問　文章中の傍線（1〜10）の**カタカナ**を**漢字**に直し、波線（ア〜コ）の**漢字**の**読み**を**ひらがな**で記せ。

A　古より士君子の身を立て道を行わんと欲する者、其の初め皆シシ[1]亢々、辛を嘗め苦を啖らい胃腎を掐擢（とうてき）し、以て学を勤めざる莫し。進みてシト[2]に入るに及びては、軒冕[ア]の栄頓（にわか）に其の志気をトロ[3]かし、是に於いて乎、苟[イ]も合い容れらるることを求めて、復自由の権有ること無く、前日の自ら志せし所は挙げて之を風烟に委し、紛紜[ウ]顚倒至らざる所無く、名壊れ行汚れて狗鼠[エ]も其の余をくらわざるに至る。凡そ此くの如き者は自ら号して学びたりと称するも、有識よりして之を見れば皆不学に坐する者なり。

（中江兆民「再論干渉教育」より）

B　ステファンヌ・マラルメは仏蘭西象徴詩家の翹楚[オ]にして、且つ最も難解の詩人と称せらる。晩年の作詩は半言隻辞の彫琢益々巧を尽くして、毎語鏘々たる響きあれど、全篇の意為に捕捉し難きに至り、あらゆる評家をしてヘキエキ[4]せしめたり。この詩人と国語を同じゅうする文芸の大家等が難解の文学として釈義す可からざるものと定めたる作中、今茲に就中其の最も曖昧なる一篇を訳述し、聊[カ]か私意を以て作家の意をソンタク[5]せんとす。其の挙は烏滸なれど其の労自ら興なしとせず。

（上田敏「象徴詩釈義」より）

標準解答

書き取り

1	2	3	4	5	6	7	8	9	10
孳孜	仕	蕩	僻辟	忖	通	収	蘭	錫	瓔
		・							
孳孜	塗途	盪	易	度	宵	攬	麝	杖	珞

C 応挙の名已に輦轂[キ]の下に噪しく、而して遠く殿陛の上に達し、安永中、詔を奉じて作る所の画十数品あり。終日[6]**ツウショウ**筆を吮い素を払い、深夜残灯の下、猶眼鏡を撤せずして、絵事に従事せり。寛政四年、齢六十に達す。その翌五年、病に罹り、歩履自由ならず。眼睛も亦明透ならざるを以て、漸く揮毫を減ぜりと云う。先生博愛慈仁にして、族戚を睦姻し、奴婢を憫恤[ク]す。先生の画品は山水を以て最上とす。翎毛（れいもう）花卉[ケ]鱗甲これに次ぐ。人物道釈又これに次ぐ。山水は専ら平安近傍の烟嵐を[7]**シュウラン**し、明媚秀麗にして且つ温淳なり。

（岡倉天心「円山応挙」より）

D 寐たのでもなく、さりとて覚めていたのでもない。悟浄は、魂が甘く疼くような気持ちで茫然と永い間其処に蹲っていた。その中（うち）に、渠は奇妙な、夢とも幻ともつかない世界にはいって行った。水草も魚の影も卒然と渠の視界から消え去り、急に、得もいわれぬ[8]**ランジャ**の匂いが漂うて来た。と思うと、見慣れぬ二人の人物が此方へ進んで来るのを渠は見た。

前なるは手に[9]**シャクジョウ**をついた一癖ありげな偉丈夫。後ろなるは、頭に宝珠[10]**ヨウラク**を纏い、頂に肉髻[コ]あり、妙相端厳、仄かに円光を負うておらるるは、何さま尋常人（ただびと）ならずと見えた。

（中島敦「悟浄出世」より）

読み

ア	イ	ウ	エ	オ	カ	キ	ク	ケ	コ
けんべん	いやしく	ふんうん	くそ こうそ	ぎょうそ	いささ	れんこく	びんじゅつ	かき	にくけい にっけい

問 文章中の傍線（1～10）の**カタカナ**を**漢字**に直し、波線（ア～コ）の**漢字**の**読み**を**ひらがな**で記せ。

A 然るに桑滄の変は人世数の免れざる所にして、維新の政を布かれたるより天下の大勢忽ち一変し、向の**ギギ**[1]たる邸第は変じて細民の矮屋となり、珍卉・名木を集めたる庭園は廃蕪して桑園・茶圃となり、諸侯に依りて衣食せる商賈職工は四方に雑散して復**セキエイ**[2]だも見ざるに至れり。是職として国家制度上の変遷に由らざるはなしと雖も、亦戊辰の戦後人々其の**ト**[3]を安んぜず、徳川氏に随いて居を其の封国に移す者あり、或るは其の妻孥[ア]を携え衣食を他邦に求むる者あり。東京の衰頽せる、此の時を以て最も甚だしとす。

（芳川顕正「市区改正意見書」より）

B 十一月に入り、臨池を楽しみて以て苦痛を慰せんとし、臥蓐の上に在りて雲烟を揮洒す。書する所の楮縑（ちょけん）は皆故旧に頒（わか）ちて以て別を為せり。笑って曰く、我人生万事を取りて総て**ホウテキ**[4]し去る、唯文雅の楽しみは、今に於いて忘るるを得ず、奇と謂うべしと。此月下旬に至りて、疾益々篤く、頭脳昏々として、時として夢と現とを弁ずる能わず。釈雲照の病室に**チンニュウ**[5]して祈禱を迫れるは、実に此の際に在りき。十二月初旬疾頓に革まり、此月十三日午後溘焉[イ]として遂に起たず。翌十四日午後、先生の遺骸を大学病院に送

標準解答 書き取り

1	2	3	4	5	6	7	8	9	10
巍巍 魏魏	隻影	堵	抛擲 放擲	闖入	歔欷 嘘唏	滂沱	慟哭	鬱蒼 鬱葱	嘶

りて解剖に附す。予未だ人体解剖の状を知らず、一見して[ウ]悚然面を掩わざるを得ざりき。此の夕べ遺骸を棺中に斂む。諸君其の頭を抱き、予其の両脚を拱す。[エ]囲繞する所の男女数十人、[6]**キョキ**の声室内に満つ。予亦涙[7]**ボウダ**として禁ぜず、走って暗中に入りて[8]**ドウコク**する者之を久しくせり。

（幸徳秋水「兆民先生」より）

C 爰に深山あり、森林[9]**ウッソウ**として雲霧深く罩め、峻岳高峰は崢嶸（そうこう）嵯峨として洶濤の如く、[オ]山巓山腹白雪[カ]皚々たり。余は之を以て崇高に比せんと欲す。又爰に海洋あり、波浪平穏にして水面鏡の如く長堤曲浦絶えんとして又続く。余は之を以て優美に比せんと欲す。更に又爰に郊野あり、細径斜に通じて田家林間に出没し、暮雲靆（たなび）く所遥かに遠山を望み、牧馬[10]**イナナ**くの辺り近く渓流を認む。余は之を以て奇抜に比せんと欲するなり。

（伊東忠太「建築哲学」より）

D 二十六日。市上に肉及び蔬を売る者叫呼して[キ]囂々たり。[ク]街衢の土質は赤色にして瓦の如し。蓋し日光の烈しきが為か。街上に栽うる所は大半槐樹なり。人家の簷頭籬下、一般に牽牛花を植えて花露滴々たり。芭蕉は皆実を結び、累々として園に満つ。店頭多く陶器を[ケ]鬻ぐを見る。所謂交趾（コウチ）焼なり。されど佳なる者は[コ]罕なるに似たり。

（成島柳北「航西日乗」より）

読み

ア	イ	ウ	エ	オ	カ	キ	ク	ケ	コ
さいど	こうえん	しょうぜん	いにょう いじょう	さんてん	がいがい	ごうごう	がいく	ひさ	まれ

読み
書き取り
対義語・類義語
四字熟語
故事・成語・諺
文章

問　文章中の傍線（1〜10）の**カタカナ**を**漢字**に直し、波線（ア〜コ）の**漢字**の**読み**を**ひらがな**で記せ。

A　前山の枯れ木のところどころには、燃ゆるが如き八汐の躑躅美しく点綴せられ、薄絹をかけたる如き霞は、男体女峯両山の白雪をいとおもしろくつつみ始めたり。朝暾門前の渓流に砕けて、前山の新緑閃々として皆かがやきわたれり。門を出でて数歩、右に男体女峯の1**キツゼン**として深碧なる大空に聳立したるを認む。雲あり、今しも男体の2**ゼッテン**より起こりて、次第に女峯の方へ方へとなびき行きて、田母沢の渓橋をわたる頃には、已にその半腹へとかかりたるを見たり。

（田山花袋「春の日光山」より）

B　昔は大史公偏(あまね)く名山大沢の間に周遊して而して史記の著あり、故に史記の文或いは汪洋或いは崢嶸(そうこう)、意の到る所筆も亦到る、曲折紆余備にその変を窮む。山川の風光のよく人の高情を暢べ、逸興を振るう、ア信にはかる可からざるものあり。洪濤瀾汗として万里際涯なし、目を窮むれば空水一碧、水か空か、空か水か、彷彿として弁ず可からず、既にして3**ヒ**を纈りたる夕陽4**コツエン**として水に入れば、イ淡靄漸く岸辺の柳を抹して、漁家の灯光点々蛍に似たり。東方漸く明るく、一輪のウ玉蟾海上に躍れば、エ銀屑水面に砕けて瀲々灔(えん)々、この時高楼の上髪を散じて浩歌すれば心気快暢。或いは亦雲をオ躡んで万丈の峭崿(しょうがく)に上る、

標準解答

書き取り

1	2	3	4	5	6	7	8	9	10
屹然	絶巓・顚	緋	忽焉	閲	長嘯	詭詐	憫・愍然	弾指	甘旨

上りて嶺上の寺観を尋ねて泊す、月黒く風冷ややかに空山[5]**ゲキ**として唯渓声の淙々あるのみ。試みに空を仰げば天を去る尺五、[6]**チョウショウ**両三声すれば満天の星斗爛々として衣袖に落ちんとす、倏然（しゅくぜん）として神澄み心定まる、身は既にこれ火食のものに非ず。嗚呼々々自然の人を霊化する信に此くの如し。

（田岡嶺雲「行游」より）

C

人よく才あり、智あり、学術あり、あに貴重すべからざらんや。しかるに、いやしくも本づくところなければ、才変じて[カ]佞猾となり、智移りて[7]**キサ**となり、学なり、術なり、まさに姦を逞しゅうし、[キ]黠を長ずるの具とならんとす。

今それ田爺村嬢の塑像・面影を信ずる、もとより区々の心、蛍爝（けいしゃく）の信、汚下の甚だしき、[ク]悖戻の尤もなる、誰か[8]**ビンゼン**一笑せざらんや。ああ、世の小民[ケ]蚩々碌々、またはた何をか望まん。しかして世の[コ]縉紳先生の、いたずらにかの田爺村嬢の小信を見せしめば、たれか[9]**ダンシ**して絶倒せざらん。顧みてその平素養うところを問わば、はたして如何。利に耽り、栄を羨み、嗜好に殉（つか）え、権勢を貪る。[10]**カンシ**鼎に充ち、柔艶坐を繞る。出ずればすなわち両驂鏘々、居ればすなわち金鏢（きんぴょう）閃爍、意揚がり、気旺（うるわ）し。

（西周「教門論」より）

読み

ア	イ	ウ	エ	オ	カ	キ	ク	ケ	コ
まこと	たんあい	ぎょくせん	ぎんせつ	ふ	ねいかつ	かつ	はいれい	しし	しんしん

問　文章中の傍線（1〜10）の**カタカナ**を**漢字**に直し、波線（ア〜コ）の**漢字**の**読み**を**ひらがな**で記せ。

A　西貢（サイゴン）の町は広莫の二字を以て形容せば庶幾（ちか）かるべし。其の家屋の相応に宏壮なりしにも拘わらず、其れ以外の隙地亦甚だ多く、此の隙地は皆熱帯の樹木を以て占断されたり。酒屋へ三里、豆腐屋へ二里は山奥の幽静を記したるものなれども、此の町は隣へ二丁、お向こうへ半丁位ならん歟[ア]。尤も其の立て込みたる筋は櫛比鱗次の趣、**ゴウ**[1]も他の**トユウ**[2]に異なるを見ざれど、余等回覧の及びし所に就いて言えば、此の疏置の処の方半ばに過ぎしを想えり。市中の客店も数所立ち寄り見しが、大同小異純然たる欧風（余が嘗て小説抔[イ]にて読識せる）なり。余等が最初這入りしは小店にて、玉撞き部屋と飲食部屋との二房を備えたるのみにて、入り口には「英国製酒類。英語にて御話仕り候」との看板を掲げり。飲食部屋の壁上には「御客様**シッカイ**[3]御正直の方計（ばかり）と参り兼ね候。今日御召し上がりの酒代は明朝を待ち不申候。敝店是迄懸け売りの為には巨大の損耗を受け申し候」との断書を掲げたり。「現銀の外懸売一切御断申上候」との文体に比するに、憤世疾俗の概ありて一層の味を覚えり。他の二三店は何れも宏敞[ウ]にて、卓凳（たくとう）各々数十脚を排列せり。店前は皆人道と馬車道とを分かちたる街樹にて、蒼翠の色撲々来たりて人の**ビウ**[4]に滴る沖澹[エ]の景、迥[オ]かに日本に異なり。始めて身の殊域にあるを想えり。

（森田思軒「船上日記」より）

標準解答
書き取り

1	2	3	4	5	6	7	8	9	10
毫	都邑	悉皆	眉宇	戛戛 戛々	菩薩	豈	六合	跼 局 蹐	比擬

B 鳳笛の鳴々として響き、瑶琴の**カツカツ**[5]として鳴るを聞けば、石を裂き雲を穿ち玄鶴を舞わし白鵠を翔しむるの理想あり。紅顔花の如き少年のあどけなく笑い、嬌容婀娜[カ]たる麗人の妙にやさしく歌舞するを視れば、神使を層霄[キ]より呼び降し、**ボサツ**[6]を兜率[ク]より招き寄するの観念あり。**アニ**[7]眼前に快暢を覚うるのみならんや。事小なりと雖[ケ]も、天地の妙趣に協い、一動直に**リクゴウ**[8]を貫通するもの有るを知るは、哲学士も詩人も同様にして、時に或いは哲学士の詩人に踰越（ゆえつ）する事あり。蓋し詩人は多く感情の境界に**キョクセキ**[9]するも、哲学士は渺漫[コ]たる思想を縦横に遍遊し得ればなり。唯其れ然り、故に哲学士の眼を閉じて冥想し、精神を脹大し、宇宙と合同し、聖霊に**ヒギ**[10]し、上帝に接近するに及んでは、愉快の無限無辺なること、傍人の思議すべき所に非ざるなり。

（三宅雪嶺「哲学涓滴」より）

読み

ア	イ	ウ	エ	オ	カ	キ	ク	ケ	コ
か	など	こうしょう	ちゅうたん	はる	じょうだ	そうしょう	とそつ	いえど	びょうまん

問 文章中の傍線（1〜10）の**カタカナ**を**漢字**に直し、波線（ア〜コ）の**漢字**の**読み**を**ひらがな**で記せ。

A 今や日露両国の事、狡児事を好みて頻りに人心を煽揚し、豎子計を失して深く危地に陥り、睽離（きり）扞格、日は一日より甚だしきを致す。1**シコ**三たび出でて、不狂人も亦狂人を逐うて走らざることを得ず、勢いの駆くる所、横屍流血の惨を見る、亦測る可からざらんとす、ア殆うい哉イ岌乎たり。之に加うるに我が同胞中或る者は戦勝の虚栄を夢想するが為に、或る者は乗じて奇利を博せんが為に、或る者は好戦の慾心を満足せしめんが為に、焦躁熱狂、2**スイシ**を呼び、開戦を叫び、3**エンゼン**悪魔の4**ホウコウ**に似たり、吾人是に於いて吾人同志の責任益々深きを感ず、然り、吾人が大いに戦争防止を絶叫すべきの時は来たれり。吾人は飽くまで戦争を非認す。社会の正義は之が為に破壊され、万民の利福は之が為に5**ジュウリン**せらる。天の為せるウ孽いは猶避く可し、自ら為せる孽いは避く可からず。

（幸徳秋水「平民主義」より）

B 初七日、早。塞棍（サイゴン）河を遡る。両岸皆平沢なり。艸木蓊然（おうぜん）として、村舎を6**テンテイ**し、風景、画の如し。間（まま）、椰樹、蘇鉄樹の甚だ大なるを見る。午後一時7**シュウウ**あり。詩有り。

標準解答 書き取り

1	2	3	4	5	6	7	8	9	10
市虎	出師	宛然	咆哮	蹂躪	点綴	驟雨	痩軀	簾	歯牙

寂寞たる漁村　断えてはまた連なり
舟を夾(エ)む深緑は軽烟を鎖す
喜ぶ　他(か)の一陣の椰林の雨
乍(オ)ち微涼を送り客船に到る

初八日、早。馬車を倩いて花苑を見る。馬は8ソウクなれども多力なり。街上の土の色は殷(カ)んに赤なり。両辺に種えし樹は槐に似たり。所謂(キ)尼泊爾弗樹(ニクレイジュ)なり。牽牛花及び芭蕉有り。民家は甚だ矮小にして、屋を覆い扉を編むに、皆椰の葉を用う。網を二柱の間に繋けて、榻に代えて之を用うる者有り。又、竹の9スダレを垂るる者有り。室内多くは土床にして、豕、鴨と同居す。支那人の廛を開く多し。鬻ぐ所の果は、曰く黄弾、曰く蒲桃、皆食す可し。土人は皆山子を嗜(ク)む。一枚をば切りて四片と為し、蔞葉(ろうよう)に石灰を以て拌せて之を嚼(ケ)む。また劉穆之の金柈(きんばん)を須(コ)いず。故に男女の10シガは皆黒し。山子とは檳榔の実なり。婦女は梳を挿し、我が古代の物に似たり。馬を馭する者は皆黒人にして、首と肩に紅布を纏う。

（森鷗外「航西日記」より）

読み

ア	イ	ウ	エ	オ	カ	キ	ク	ケ	コ
あや	きゅうこ	わざわ	はさ／さしはさ	たちま	さか	いわゆる	たしな	か	もち

問 文章中の傍線（1〜10）の**カタカナ**を**漢字**に直し、波線（ア〜コ）の**漢字**の**読み**を**ひらがな**で記せ。

A 既に自然及び人生に対する感触結想に於いて曩日[ア]と異なるものあらば、そが表現に新たなる方式を要するは必然の勢いなるべし。然るに旧慣ははやくわが胸中にありて、この新たに就かんとするを**イト**[1]えり。革新の一面に急激の流れあるは、この染心を絶たんとする努力の遽[イ]かに外に逸れて出でたるなり。かの音節、格調、措辞、造語の新意に適わんことを求むると共に、邦語の制約を寛うして、近代の幽致を寓せ易からしめんとするは、詢に已み難きに出ず。これあるが為に**カイジュウ**[2]の譏[ウ]りを受くるは素よりわが甘んずるところなり。視聴等の諸官能は常に鮮やかならざるべからず、生意を保たざるべからず。然らずば胸臆沈滞して、補綴の外、踏襲の外、あるは激励呼号の外、遂に文学なからんとす。「自然」を識るは「我」を識るなり。たとえば「自然」は豹の斑にして、「我」は豹の**ドウシ**[3]の如きか。「自然」は死豹の皮にあらざれば徒に讌席に敷き難く、「我」はまた冷然たる他が眼にあらざれば決して空漠の見を容れず。「われ」に生き「自然」に輝きて、一箇の霊豹は詩天の苑に入らんとするなり。

（蒲原有明「『春鳥集』序」より）

B 刀匠は啻に工人たる者に非ずして、反って天意感通の美術家なり、其の工場は至聖

標準解答
書き取り

1	2	3	4	5	6	7	8	9	10
厭	晦渋	瞳子	沐浴	鍛冶	砥厲礪	光芒	犀利	凜乎	穎脱

処なりき。晨朝斎戒[4]**モクヨク**して其の業に従い、心魂気魄を打って、錬鉄を[5]**タンヤ**し、揮槌、入湯、[6]**シレイ**の如き、皆厳粛なる祭式なり。刀剣の霊徳奇気を帯ぶるは、即ち良工の精魂之に寓し、祭神の威徳之に宿るが故に非ずや。日本刀の美術の完璧たるは、トレド又ダマスカスの名剣の企及するところに非ずして、而も亦美術の賦与する能わざる精気を存す。氷刃燦として[エ]玉匣を脱すれば、大気忽ち凝って雨露を滴らし、碧花を開き、晃々たる百錬の龍身は[7]**コウボウ**を吐く。[8]**サイリ**の鋭鋒は歴史を懸け、未来を繋ぎ、彎曲せる刀背は、絶美を結ぶに絶大の力を以てす。一たび之を観れば、威力、美趣、畏敬、[オ]恐懼の念の[9]**リンコ**として交人に迫るあり。刀剣若し啻に美観悦楽の具たらんには、其の用たるや、害無し。されど一旦之を手にすれば、誘惑忽ち生じて、之を濫用せんとすること[カ]尠なからず。刀刃屢平和なる其の鞘を[10]**エイダツ**するあり、或いは新刀を獲て之を[キ]無辜の脰（うなじ）に試むるの兇暴を敢えてするものありき。

（新渡戸稲造「武士道」・桜井鷗村訳より）

C　彼の暗黒時代漸く過ぎて東方先ず紅に、須臾にして曒光六合に[ク]瀰漫し、終に其の[ケ]燦爛たる明光を宇内に放ちたるものは即ち「ゴシック」派流なり。其の一たび精華を極め極致を竭くせしや、線条の適用普く建築の全部に配布して恰も其の正鵠を[コ]愆らず。其の建図中特に顕著なるものは即ち峻急なる屋蓋及び「ゲーブル」と、無数の塔、「ピナクル」等の突出して輪廓を凸凹ならしむるの一時なり。

（伊東忠太「建築哲学」より）

読み

ア	イ	ウ	エ	オ	カ	キ	ク	ケ	コ
のうじつ	にわ	そし	ぎょくこう ぎょっこう	きょうく	すく	むこ	びまん	さんらん	あやま

問 文章中の傍線（1～10）の**カタカナ**を**漢字**に直し、波線（ア～コ）の**漢字の読み**を**ひらがな**で記せ。

A 「我々の短い生涯が、その前と後とに続く無限の大**エイゴウ**[1]の中に没入していることを思え。我々の住む狭い空間が、無限の大広袤（ア）の中に投げ込まれていることを思え。誰か、自らの姿の微小さに、おののかずにいられるか。我々はみんな鉄鎖に繋がれた死刑囚だ。毎瞬間毎にその中の幾人かずつが我々の面前で殺されて行く。我々は何の希望もなく、順番を待っているだけだ。時は迫っているぞ。その短い間を、自己欺瞞と**メイテイ**[2]とに過ごそうとするのか？ 呪われた卑怯者奴(め)！ その間を汝の惨めな理性を恃んで自惚れ返っているつもりか？ 傲慢な身の程知らず奴！」

ハクセキ[3]の青年は頬を紅潮させ、声を嗄らして叱咤した。

（中島敦「悟浄出世」より）

B 世に奇異なるは、わが友木下杢太郎の若き日の行状であった。彼は常に陰愁に満ち、気六つかしく、潔癖にして謹直、また倏（イ）ちに顔を赤らめる処女の羞恥をさえ感ぜしめた。彼の服装は黒く、而も亦訥朴（ウ）ではあったが、彼の**ノウショウ**[4]は全く三角稜の多彩、彼自ら謂う所の万華鏡の複雑光で変幻極まりなかった。声色香味触、是等悦喜す可き官感の種々相に於いて事毎に驚異し、**ドウモク**[5]し、仰視し、鑑賞し、遂には彼自らをその恍惚**ムゲ**[6]の

標準解答

書き取り

1	2	3	4	5	6	7	8	9	10
永劫	酩酊	白皙	脳漿	瞠目	無碍礙	沈湎	溺没	翠巒	丘壑

極楽世界に魔睡せんとさえ欲するに到った。然し乍ら、彼は彼自身を遂にはその[7]**チンメン**の底に見出さねばならなかったほどの其の官感の幻法から、不思議にも自ら惑乱せられない聡明と理義との保持者であった。彼は彼自らを決してその鴆毒(エ)の為に殺す痴愚と[8]**デキボツ**とを敢えて為なかった。

（北原白秋「詩集『食後の歌』序」より）

C

一村十二戸、温泉は五箇所に涌きて、五軒の宿あり。此に清琴楼と呼べるは、南に方(あた)りて箒川の緩く廻れる磧に臨み、俯しては、水石の粼粼(りんりん)たるを弄び、仰げば西に、富士、喜十六の[9](注)**スイラン**と対して、清風座に満ち、袖の沢を落ち来る流れは、二十丈の絶壁に懸かりて、素練(ねりぎぬ)を垂れたる如き吉井滝あり。東北は山又山を重ねて、琅玕(ろうかん)の玉簾深く夏日の畏るべきを遮りたれば、四面遊目に足りて[10]**キュウガク**の富を擅(オ)にし、林泉の奢(カ)りを窮め、又有るまじき清福自在の別境なり。貫一は此の絵を看る如き清穏の風景に値いて、彼の途上(みちすがら)険しき巌と峻(さか)しき流れとの為に幾度か魂飛び肉銷して、理(キ)むる方無く掻き乱されし胸の内は、靄然(ク)として頓に和らぎ、恍然として総て忘れたり。彼は以為(ケ)らく、誠に好くこそ我は来つれ！　胡(コ)ぞ来るの甚だ遅かりし。山の麗しと謂うも、壌の堆き者のみ、川の暢(のど)けしと謂うも、水の逝くに過ぎざるを、牢として抜く可からざる我が半生の痼疾は、争(いか)で壌と水との医すべき者ならん、と歯牙にも掛けず侮りたりし己こそ、先ず侮るべき愚かの者ならずや。

（尾崎紅葉「金色夜叉」より）

（注）**スイラン**…緑の連山

読み

ア	イ	ウ	エ	オ	カ	キ	ク	ケ	コ
こうぼう	たちま	とつぼく	ちんどく	ほしいまま	おご	おさ	あいぜん	おもえ	なん

問 文章中の傍線（1〜10）の**カタカナ**を**漢字**に直し、波線（ア〜コ）の**漢字**の**読み**を**ひらがな**で記せ。

A この人と、この人を竢(ア)つ時世とを見て泣いた時から、子路の心は決まっている。**ジョクセ**(1)のあらゆる侵害からこの人を守る楯となること。精神的には導かれ守られる代わりに、世俗的な煩労汚辱を一切己(おの)が身に引き受けること。**センエツ**(2)ながらこれが自分の務めだと思う。

「ここに美玉あり。匵に韞めて蔵さんか。善賈(イ)を求めて沽(ウ)らんか。」と子貢が言った時、孔子は即座に、「これを沽らん哉。これを沽らん哉。我は賈を待つものなり。」と答えた。

そういうつもりで孔子は天下周遊の旅に出たのである。様々な連中が孔子に従って歩いた。てきぱきした実務家の冉有。穿鑿好きな故実家の子夏。気骨稜々たる**コウガイ**(3)家の公良孺。身長(みのたけ)九尺六寸といわれる長人孔子の半分位しかない**タンワイ**(4)な愚直者子羔。年齢からいっても貫禄からいっても、もちろん子路が彼らの宰領格である。

（中島敦「弟子」より）

B 余は山下の旅館より普門院を介されたれば、其に赴く。導かれて一閑房に入る。浴室に赴く。大釜を浴池となす。膝を抱いて坐するも湯は腰を没するに過ぎず。竹筧水を引

標準解答
書き取り

1	2	3	4	5	6	7	8	9	10
濁世	僭越	慷慨・忼慨	短矮	塵垢	彷彿・髣髴	結跏	忌諱	屈撓	譴責

いて槽に落とす。[エ]濺々として縷のごとし。僅かに[5]**ジンコウ**を洗い去りしといえども、既に浄地に在りて心身自ら静和。[オ]雛僧、膳を進む。一陶の般若湯を乞うて而る後飯す。衾を擁して臥す。障子を隔てて[カ]前栽の筧水鳴りて琴筑の如し。夜闌（ふ）けて夢覚むれば、仏前に経を読むの僧あり。磬を打つ余韻嫋々として低迷す。起って障子を推せば月正に天心、中庭白うして水のごとく、[キ]岫雲凝って流れず、風樹も亦声を収む。夜気陰森のうちに[6]**ホウフツ**として仏法僧の啼くを聞く。端（ゆく）りなく上田秋成の雨月物語にあるところ仏法僧の文を想いて、[7]**ケッカ**して禅を修すれば身境一致、寂寞して[ク]寤寐の中（うち）に在ること幾時かを知らざりき。

（遅塚麗水「『幣袋』普門院の一夜」より）

C 凡そ議員院中に於いて事を議する、毫も天子及び大臣の[8]**キキ**を憚らず論議讜（とう）々、少しも[9]**クットウ**する所なく、柔亦喰わず剛亦吐かざるを要すべし。然れ共百年の宿弊[ケ]釐剔し易からず、天子及び[コ]強禦の憤怨を恐れ奮然人民の為に討論せざる者は忠臣に非ざる也、必ず[10]**ケンセキ**を得べし。蓋し議員登院する、民と誓いて言うべし、議事公明確直、天子強禦を恐れず心以て職事を奉じ、日夜匪怠、是精是一、苟も心に違う、天神地祇我を容れざる也、人民我を赦さざる也、再び人間に列するを得ざる也の盟約を為すべき也。

（宇加地新八「建言書」より）

読み

ア	イ	ウ	エ	オ	カ	キ	ク	ケ	コ
ま	ぜんこ ぜんか	う	せんせん	すうそう	せんざい	しゅううん	ごび	りてき	きょうぎょ

問　文章中の傍線（1〜10）の**カタカナ**を**漢字**に直し、波線（ア〜コ）の**漢字**の**読み**を**ひらがな**で記せ。

A　碧波浩蕩中に出没せる**モウドウ**[1]は国民の夢を破り、麕至[ア]**フクソウ**[2]せる外船は新思潮を我が港湾に汪溢せしめて、慣例因習等の壅を決せしより、滔（とう）々たる破壊的活動、倏ちにして跳梁を**タクマ**[3]しゅうし、社会の旧要素と牴触し衝突して、錯雑紛糾を極めたり。昔、弘仁の御代に、唐の文化蕩然我に輸入して人心を傾動し、最澄空海を初め名僧知識又多く彼に学んで、新たに二宗を加え、或いは巧みに本地垂跡を説きて神仏を混淆し、或いは国家鎮護を名として政教を結合し、幽玄を談じ妙理（みょうり）を講じて、靡然[イ]上下を感動せしめき。然りと雖も、未だ外来的刺戟の劇甚にして、遐陬[ウ]僻壌猶影響せられたる、維新以後の如からざりき。宋元の鎌倉足利両時代に及ぼせる影響や**スコブ**[4]る大にして、世の風尚之が為に殆ど一変せりと雖も、一般の社会傾動せる**バンキン**[5]の影響の比にあらざりき。

（岡倉天心「明治三十年間の美術界」より）

B　頼春水大阪江戸港に在りて教授を業とす、年三十三にして室飯岡氏襄を生む、時に安永九年なり、正にこれ光格天皇御即位の年、江戸の将軍徳川家治の在職十九年、田沼意次父子**クンチョウ**[6]を恃[エ]んで威権**カクシャク**[7]たる時となす。明くれば天明元年、春水本国広

標準解答
書き取り

1	2	3	4	5	6	7	8	9	10
艨艟	輻湊・輻輳	逞	頗	輓近・今	君寵	赫灼	聘	驕奢	遊冶・游冶

島藩の**ヘイ**[8]に応じて藩学の教授となれり、其の婦と長子とを携えて竹原に帰り父を省し、更に厳島の祠に詣ず、襄は襁褓の中に龕前[オ]に拝せり。竹原は広島の東十里に在り煙火蕭条の一邑にして頼氏の郷里たり。烏兎匆々呱々[カ]の声は咿唔(いご)の声に化せり、襁褓中の襄は長じて童子となれり、教育は始められたり、藩学に通える一書生は彼が句読の師として、学校より帰る毎に彼の家に迎えられたり。而して母氏も亦女紅の隙を以て其の愛児を教育せり。後来の大儒は屢々温習を懈[キ]り屢々睡れり。聡明なる児童には唯器械的に注入せらるる句読の如何に面白からざりしよ、！、彼は論孟を抛[ク]ちて絵本を熟視せり、義経、弁慶、清正の絵像を見てあどけなき英雄崇拝の感情を燃やせり。

（山路愛山「頼襄を論ず」より）

C 是に於いて、人々皆その資力以上の娯楽を希望して、百方これを得んと欲す。官吏に在りては苞苴[ケ]賂遺以て身を肥やし、工商に在りては夤縁(いんえん)依附結托して奇利を覗(ねら)い、加之(しかのみならず)維新改革の際に当たり、数百年来刻急束薪の如き法度に窘[コ]しめられたる西国武士等、一旦朝政に参し貴官を得るに及び、**キョウシャ**[9]淫逸に流るること奔矢の如く、大いに都会淫靡の風を搆煽し、以て天下**ユウヤ**[10]の模範を垂れしより、縉商豪賈より、他中産以下に至る迄、相胥(つ)いで淪溺し、以て自ら夸りと為すに至る、教育家、経世家、政治家、皆口を開けば、堕落腐敗を論ぜざるなし。

（中江兆民「一年有半」より）

読み

ア	イ	ウ	エ	オ	カ	キ	ク	ケ	コ
きんしくんし	びぜん	かすう	たの	がんぜん	ここ	おこた	なげう	ほうしょ	くる

1級用

漢字音訓表

一、部首（第一段）原則として『康熙字典』に準拠した。

二、漢字の字体

①標準字体（第二段）

許容字体（第三段）「漢検」1・準1級の解答に用いても正解とする字体。

※このほかにも、デザインなどの差異があっても正解とする場合がある。
デザイン差については、内閣告示「常用漢字表『（付）字体についての解説』」（平成22年）、及び「表外漢字における字体の違いとデザインの違い」（本書267頁）を参照。

なお、本書269頁「4　表外漢字だけに適用されるデザイン差について」に例として挙げられている漢字は、「許容字体」欄に＊印で示し、直接の例ではないが参照すべき例が挙げられている場合は、「許容字体」欄に＊1、2…などと示し、欄外に参照箇所を記した。また、（　）に入れた＊印は、標準字体ではなく許容字体に対するものであることを表している。

②字のなかに「⺾・艹・⺿」の部分を含むものは、便宜上「⺾」に統一した。

③●印　国字（和字）とされるもの（本書283頁参照）。

☆印　印刷標準字体
★印　簡易慣用字体
（以上）国語審議会答申「表外漢字字体表」（平成12年）による。

三、読み

①音読み（第四段）　※字義も含む。

②訓読み（第五段）　※自動詞・他動詞がある場合、その一方を省略したものがある。

部首	標準字体	許容字体	音読み	訓読み
一（いち）	弌		イチ イツ	ひと ひと（つ）
一（いち）	丐		カイ	こ（う） こじき
一（いち）	丕		ヒ	おお（きい） う（ける） もと
丨（ぼう）（たてぼう）	丫		ア	あげまき つのがみ
丨（ぼう）（たてぼう）	丱		カン ケン	あげまき おさな（い）
丶（てん）				
丿（の）（はらいぼう）	乂		ガイ	か（る） おさ（める） すぐ（れる）
丿（の）（はらいぼう）	乖☆		カイ	そむ（く） もと（る） へだ（たる） こざか（しい）
乙乚（おつ）				

部首	標準字体	許容字体	音読み	訓読み
亅（はねぼう）	予		ヨ	あた（える） ゆる（す） われ
二（に）	于☆		ウ ク	ああ ここ（に） ゆ（く）
二（に）	弍		ニ ジ	なら（ぶ） つ（ぐ） うたが（う）
二（に）	亟		キョク キ	すみ（やか） しばしば
亠（なべぶた）（けいさんかんむり）	亢☆		コウ	のど たか（い） たかぶ（る） あ（がる） きわ（める） あ（たる）
亠（なべぶた）（けいさんかんむり）	亶		タン セン	あつ（い） ほしいまま まこと もっぱ（ら）
人（ひと）亻（にんべん）𠆢（ひとやね）	仍		ジョウ ニョウ	よ（る） かさ（なる） しきり（に） なお

部首	標準字体	許容字体	音読み	訓読み
人亻𠆢	仄☆		シキ ショク ソク	かたわ（ら） かたむ（く） そばだ（つ） ほの（か） いや（しい） うらがえ（る） ほの（めく） ほの（めかす）
人亻𠆢	仆		フ ホク	たお（れる） し（ぬ）
人亻𠆢	仂		ロク リョク リキ	あま（り） つと（める）
人亻𠆢	仗		ジョウ	つわもの ほこ まも（り） よ（る）
人亻𠆢	仞	仭	ジン	ひろ はか（る）
人亻𠆢	仟		セン	かしら
人亻𠆢	价		カイ	よ（い） よろ（う）
人亻𠆢	伉		コウ	たぐい なら（ぶ） つよ（い） おご（る）

部首　へイ人

標準字体	許容字体	音読み	訓読み
佚		イツ テツ	たの(しむ) やす(んずる) あそ(ぶ) のが(れる) うしな(う) うつく(しい) ゆる(い) たが(いに)
估		コ	あたい あきな(う)
佝		ク コウ	ま(がる) おろ(か)
佗		タ イ	ほか にな(う) みだ(す) わび わび(しい) わ(びる)
佇☆		チョ	たたず(む) たちど(まる) ま(つ)
佞		デイ ネイ	おもね(る) へつら(う) よこしま
余		ヨ	われ

部首　へイ人

標準字体	許容字体	音読み	訓読み
佶		キツ	よ(い) かた(い)
侈		シ	おご(る) ほしいまま おお(きい) ひろ(い)
侏		シュ	みじか(い)
侘☆		タ	ほこ(る) わ(びる) わび(しい) わび
佻		チョウ	かる(い) かるがる(しい)
佩		ハイ	おびだま お(びる) は(く)
佰		ハク ヒャク	おさ
侑		ウ ユウ	すす(める) むく(いる) たす(ける) ゆる(す)
佯		ヨウ	いつわ(る) さまよ(う)

部首　へイ人

標準字体	許容字体	音読み	訓読み
侖		ロン リン	おも(う) つい(ずる)
俔		ケン	うかが(う) しの(び)
俟		シ	ま(つ)
俎		ショ ソ	まないた
俘		フ	とりこ と(る)
俛	俛	ベン メン フ	ふ(せる)
俑		ヨウ トウ	ひとがた いた(む)
俚		リ	いや(しい) ひな
俐		リ	かしこ(い) さか(しい)

部首	標準字体	許容字体	音読み	訓読み
𠆢亻人	俤●☆			おもかげ
𠆢亻人	俥●			くるま
𠆢亻人	倚		イ キ	よ(る) たの(む)
𠆢亻人	倨		キョ	おご(る)
𠆢亻人	倔		クツ	つよ(い)
𠆢亻人	倪		ゲイ	かよわ(い) ながしめ きわ
𠆢亻人	倥		コウ	おろ(か) いそが(しい) ぬか(る)
𠆢亻人	倅	倅	サイ ソツ	たす(け) にわ(か) せがれ
𠆢亻人	俶		シュク テキ	よ(い) はじ(める) すぐ(れる)

部首	標準字体	許容字体	音読み	訓読み
𠆢亻人	倡		ショウ	わざおぎ あそびめ とな(える)
𠆢亻人	倩	倩	セン セイ	うつく(しい) むこ やと(う) つらつら
𠆢亻人	倬		タク	おお(きい) たか(い) あき(らか)
𠆢亻人	俾	俾	ヒ ヘイ	しもべ たす(ける) にら(む)
𠆢亻人	俯☆		フ	ふ(す) ふ(せる) うつむ(く) うつぶ(す)
𠆢亻人	們		モン	ともがら
𠆢亻人	倆		リョウ	うでまえ
𠆢亻人	偃		エン	ふ(す) ふ(せる) や(める) せ(く) おご(る)

部首	標準字体	許容字体	音読み	訓読み
𠆢亻人	偕		カイ	とも(に)
𠆢亻人	偐	偐	ガン ゲン	にせ にせもの
𠆢亻人	偈☆	偈	ケツ ケイ ゲ	はや(い) すこ(やか) いこ(う)
𠆢亻人	偖		シャ	さて
𠆢亻人	偬		ソウ	せわ(しい)
𠆢亻人	偸	偸	トウ チュウ	ぬす(む) かりそめ かろ(んずる) うす(い)
𠆢亻人	做		サク サ	な(す)
𠆢亻人	傀		カイ	おお(きい) くぐつ でく
𠆢亻人	傚		コウ	なら(う) まね(る)

部首	𠆢 亻 人								
標準字体	傅	傴	僉	僊	僂	僖	僥	僭	僮
許容字体				僊				僣	
音読み	フ	ウ	セン	セン	ロウ ル	キ	ギョウ	セン	トウ ドウ
訓読み	もり かしず(く) つ(く) し(く)	かが(む) かわい(がる) つつし(む)	みな	やまびと せんにん	かが(める) ま(げる)	よろこ(ぶ) たの(しむ)	もと(める) ねが(う)	なぞら(える) おご(る)	わらべ おろ(か) しもべ

部首	𠆢 亻 人								
標準字体	僵	儁	儂	儕	儔	儚	儡	儳	儺
許容字体									
音読み	キョウ	シュン	ドウ ノウ	サイ セイ	チュウ ジュ	ボウ モウ	ライ	サン ザン	ナ ダ
訓読み	こわ(ばる) たお(れる)	すぐ(れる) まさ(る)	わし われ	ともがら	ともがら	くら(い) はかな(い) はかな(む)	つか(れる) くぐつ でく	さしで(る) ふぞろ(い)	おにやらい

部首	𠆢 亻 人			儿 (ひとあし)(にんにょう)			入 (いる) 入 (いりがしら)	八 (はち) ハ (は)	冂 (どうがまえ)(けいがまえ)(まきがまえ)
標準字体	儷	儼	儻	兀	兌	兢	兪	冀	冉
許容字体							俞		冉
音読み	レイ	ゲン	トウ	コツ ゴツ	ダ タイ エツ エイ	キョウ	ユ	キ	ゼン ネン
訓読み	なら(ぶ) つれあい	いかめ(しい) おごそ(か)	すぐ(れる) も(し) ある(いは)	たか(い)	か(える) とりか(える) よろこ(ぶ) するど(い)	つつし(む) おそ(れる)	しか(り)	こいねが(う)	しな(やか)

部首	標準字体	許容字体	音読み	訓読み
冂	冏		キョウ ケイ	あき(らか)
冂	冑☆	胄	チュウ	かぶと よろい
冂	冓	冓	コウ	く(む) かま(える)
冂	冕	冕	ベン	かんむり
冖(わかんむり ひらかんむり)	冤☆	寃 冤 *1	エン	ぬれぎぬ あだ
冖(わかんむり ひらかんむり)	冢		チョウ	つか おお(きい) かしら
冖(わかんむり ひらかんむり)	冪		ベキ	おお(う)
冫(にすい)	冱		ゴ コ	こお(る) さむ(い) さ(える)

*1 本書270頁 B-(2)参照。

部首	標準字体	許容字体	音読み	訓読み
冫	冽		レツ	さむ(い) つめ(たい)
冫	凊	凊	セイ	すず(しい) さむ(い)
冫	凅		コ	こお(る)
冫	凜	凛	リン	さむ(い) すさ(まじい)
几(つくえ)	几☆		キ	つくえ ひじかけ
几(つくえ)	凩●			こがらし
几(つくえ)	凭		ヒョウ	よ(る) もた(れる)
凵(うけばこ かんがまえ)				
刀 刂(かたな りっとう)	刋		セン	き(る) けず(る)

部首	標準字体	許容字体	音読み	訓読み
刀 刂	刔		ケツ	えぐ(る)
刀 刂	刎		フン ブン	は(ねる) くびは(ねる)
刀 刂	刪	删 刪	サン	けず(る) えら(ぶ)
刀 刂	刮		カツ	けず(る) こす(る) こそ(げる)
刀 刂	刳		コ	えぐ(る) く(る) さ(く)
刀 刂	剏	刱	ソウ ショウ	はじ(める) そこ(なう)
刀 刂	剄		ケイ	くびき(る)
刀 刂	剋☆		コク	か(つ) きざ(む) き(める) きび(しい)
刀 刂	剌		ラツ	もと(る) そむ(く)

部首	標準字体	許容字体	音読み	訓読み
刂刀	剞		キ	きざ(む)、ほ(る)
	剔		テキ、テイ	えぐ(る)、のぞ(く)、そ(る)
	剪	剪	セン	き(る)、つ(む)、ほろ(ぼす)、はさみ、はさ(む)
	剴		ガイ	あ(たる)、あては(まる)
	劄		サツ、トウ	かぎ、かま
	剿	劋	ソウ、ショウ	た(つ)、ほろ(ぼす)、かすめと(る)
	剽		ヒョウ	すばや(い)、かる(い)、おびや(かす)、かすめと(る)
	劈		ヘキ	さ(く)、つんざ(く)

部首	標準字体	許容字体	音読み	訓読み
力(ちから)	劬		ク、グ	つか(れる)
	劭		ショウ	つと(める)
	劼		カツ	つつし(む)、つと(める)
	勁		ケイ	つよ(い)
	勍		ケイ	つよ(い)
	勖	勗	キョク	つと(める)、はげ(ます)
	勣		セキ	いさお
	勦		ショウ、ソウ	た(つ)、ほろ(ぼす)、かすめと(る)、すばや(い)
	飭	飭	チョク	つつし(む)、ただ(す)、いまし(める)、ととの(える)

部首	標準字体	許容字体	音読み	訓読み
力	勠		リク	あわ(せる)
勹(つつみがまえ)	匆		ソウ	いそが(しい)、あわ(てる)
	匈☆		キョウ	むね、わる(い)、かまびす(しい)
	甸		テン、デン	おさ(める)、か(り)、か(る)
	匍		ホ	は(う)、はらば(う)
	匐		フク	は(う)、はらば(う)
	匏		ホウ	ひさご、ふくべ
匕(ひ)	匕		ヒ	さじ
匚(はこがまえ)	匚		ホウ	はこ

部首	標準字体	許容字体	音読み	訓読み
匚	匣		コウ	はこ こばこ
	匯		カイ ワイ	めぐ(る) かわせ
	匱		キ ギ	ひつ はこ とぼ(しい)
	匳		レン	こばこ くしげ
匸(かくしがまえ)				
十(じゅう)	卅	丗	ソウ	みそ
	卉☆	卉	キ	くさ さか(ん)
	卍		バン マン	まんじ
卜(と)(うらない)				

部首	標準字体	許容字体	音読み	訓読み
卩 㔾(ふしづくり)(わりふ)	卮	卮	シ	さかずき
	卻	却 の異体字		
厂(がんだれ)	厖		ボウ	おお(きい) あつ(い) いりま(じる)
	厥		ケツ クツ	ま(げる) ぬか(ずく) そ(の) それ
	厲		レイ	といし と(ぐ) するど(い) はげ(しい) はげ(む) しいた(げる) えやみ や(む) わざわ(い)
厶(む)	簒	篡	サン セン	うば(う) と(る)
又(また)	叟☆	*	ソウ	おきな としよ(り)
	燮		ショウ	やわら(げる)

部首	標準字体	許容字体	音読み	訓読み
口(くち)(くちへん)	叮		テイ	ねんご(ろ)
	叨		トウ	みだり(に) う(ける) むさぼ(る)
	叭		ハ	
	叺•			かます
	吁		ク キョ	ああ なげ(く)
	吽		ゴウ ウン	
	听		キン	わら(う) ポンド
	吭		コウ	のど くび かなめ
	吼☆		ク コウ	ほ(える)

部首	口								
標準字体	吮	吶	吩	吝	呎●	呏●	咏	呵☆	咎☆
許容字体									
音読み	シュン セン	トツ ドツ	フン	リン			エイ	カ	キュウ
訓読み	す(う) な(める)	ども(る) さけ(ぶ)	ふ(く) いいつ(ける)	お(しむ) しわ(い) けち やぶさ(か)	フィート	ガロン	うた(う) うた	しか(る) わら(う) ふ(く)	とが とが(め) とが(める)

部首	口								
標準字体	呟☆	呱	呷	呰	呻☆	咀	呶	咄☆	咐
許容字体		呱							
音読み	ゲン	コ	コウ	シ	シン	ショ ソ	ド ドウ	トツ	フ ホ
訓読み	つぶや(く)	な(く)	す(う) かまびす(しい) あお(る)	そし(る) きず	うめ(く) うな(る)	か(む) あじ(わう)	かまびす(しい)	しか(る) したう(ち) はなし	ふ(く) いいつ(ける)

部首	口								
標準字体	咆	哇	咢	咸☆	咥	咬☆	哄	哈	咨
許容字体									
音読み	ホウ	アイ ア ワ	ガク	カン	キ テツ	コウ ヨウ	コウ	コウ ゴウ ソウ ハ	シ
訓読み	ほ(える)	は(く)	いいあらそ(う) おどろ(く)	みな ことごと(く)	わら(う) か(む) くわ(える)	か(む) かじ(る)	どよ(めき) わら(う)	すす(る)	はか(る) なげ(く) ああ

部首	標準字体	許容字体	音読み	訓読み
口	咫		シ	ちか(い) みじか(い) た あた
口	哂		シン	わら(う) あざわら(う)
口	咤☆		タ	しか(る) したう(ち)
口	哥		カ	うた(う) うた
口	哦		ガ	うた(う) ぎん(ずる)
口	唏		キ	すすりな(く) なげ(く)
口	唔		ゴ	
口	哽		コウ	むせ(ぶ) ふさ(がる)
口	哮		コウ	ほ(える) たけ(る)

部首	標準字体	許容字体	音読み	訓読み
口	哭☆		コク	な(く)
口	嘍		ロウ	さえず(る)
口	哳		タツ	
口	唹	唹	オ ヨ	わら(う)
口	啀		ガイ	いが(む)
口	啣		カン ガン	くわ(える)
口	售		シュウ	う(る)
口	啜☆		セツ テツ	すす(る) すすりな(く)
口	啅		タク トウ	かまびす(しい) ついば(む) さえず(る)

部首	標準字体	許容字体	音読み	訓読み
口	啖☆	啗	タン	く(う) く(らう) く(らわす)
口	唸☆		テン	うな(る) うな(り)
口	唳	唳	レイ	な(く)
口	喑		イン	な(く) だま(る)
口	喙		カイ	くちばし ことば
口	喀☆		カク	は(く)
口	喊		カン	さけ(ぶ)
口	喟		キ	なげ(く) ためいき
口	啻		シ	ただ ただ(に)

部首	標準字体	許容字体	音読み	訓読み
口	啾		シュウ	な(く)
	喘☆		ゼン セン	あえ(ぐ) せき せ(く)
	喞	喞	ショク ソク	な(く) そそ(ぐ) かこ(つ)
	啼☆		テイ	な(く)
	喃		ダン ナン	しゃべ(る) のう
	喇		ラツ ラ	
	喨		リョウ	
	嗚☆		オ	ああ なげ(く)
	嗇		ショク	お(しむ) やぶさ(か) とりい(れ)

部首	標準字体	許容字体	音読み	訓読み
口	嗟☆		サ	ああ なげ(く)
	嗄		サ	か(れる) しわが(れる)
	嗜☆		シ	たしな(む) たしな(み)
	嗤		シ	わら(う) あざわら(う)
	嗔		シン	いか(る) いか(り)
	嘔☆		オウ ク	は(く) むかつ(く) うた(う) やしな(う)
	嗷		ゴウ	かまびす(しい)
	嘖		サク	さけ(ぶ) かまびす(しい) さいな(む)
	嗾		ソウ	そそのか(す) けしか(ける)

部首	標準字体	許容字体	音読み	訓読み
口	嗽		ソウ ソク	せ(く) せき くちすす(ぐ) うがい す(う)
	嘛		マ	
	噁		オ アク	いか(る)
	噎		イツ エツ	むせ(ぶ) む(せる) ふさ(がる)
	嘴☆		シ	くちばし はし
	嘶		セイ	いなな(く) しわが(れる)
	嘸		ブ ム	さぞ
	噫		イ アイ	ああ おくび
	噤		キン	つぐ(む) と(じる)

部首	標準字体	許容字体	音読み	訓読み
口	嘯		ショウ シツ	うそぶ(く) うな(る) ほ(える) しか(る)
口	噬		セイ ゼイ	か(む) く(う)
口	噪		ソウ	さわ(ぐ) さわ(がしい)
口	噯		アイ	ああ おくび
口	噦		エツ	しゃっく(り) しゃく(り) しゃく(る) むかつ(く)
口	嚆		コウ	さけ(ぶ) なりひび(く)
口	嚀		ネイ	ねんご(ろ)
口	嚊		ヒ	はないき かか かかあ
口	嚠		リュウ	

部首	標準字体	許容字体	音読み	訓読み
口	嚏	嚏	テイ	はなひ(る) くさめ くしゃみ
口	嚥☆		エン	のど の(む)
口	嚮	嚮	キョウ	む(かう) さき(に) ひび(く)
口	嚬		ヒン	ひそ(める) しか(める) ひそ(み)
口	嚶		オウ	な(く)
口	囂		キョウ ゴウ	かまびす(しい) やかま(しい) わずら(わしい)
口	嚼		シャク	か(む) あじ(わう)
口	囁☆		ショウ ジョウ	ささや(く)
口	囃☆		ソウ	はや(す) はやし

部首	標準字体	許容字体	音読み	訓読み
口	囀☆	*	テン	さえず(る)
口	囈		ゲイ	うわごと たわごと
囗(くにがまえ)	囮	囮	カ	おとり
囗(くにがまえ)	囹		レイ	ひとや
囗(くにがまえ)	圀	國	(国の旧字体の異体字)	
囗(くにがまえ)	囿		ユウ	その
囗(くにがまえ)	圄		ギョ ゴ	ひとや とら(える)
囗(くにがまえ)	圉		ギョ ゴ	ひとや まきば うまかい か(う) ふせ(ぐ)

部首	標準字体	許容字体	音読み	訓読み
口	圜		カン エン	めぐ(る) めぐ(らす) まる(い)
土(つち)(つちへん)(どへん)	圦●			いり
	坎	埳	カン	あな なや(む)
	圻		キ	さかい きし
	址☆		シ	あと
	坏		ハイ	おか つき
	坩		カン	つぼ るつぼ
	坡		ハ ヒ	さか つつみ なな(め)
	坿		フ ブ	ま(す)

部首	標準字体	許容字体	音読み	訓読み
土	垓		カイ ガイ	はて さかい
	垠		ギン	かぎり さかい きし
	垤		テツ	ありづか つか
	埃☆		アイ	ちり ほこり
	埆		カク	そね やせち
	埒☆		ラチ ラツ	かこ(い)
	堊		ア アク	しろつち いろつち
	堋	堋	ホウ ボウ	ほうむ(る) あずち
	堙	堙	イン	ふさ(ぐ) ふさ(がる) うず(める) うず(もれる)

部首	標準字体	許容字体	音読み	訓読み
土	堝		カ	るつぼ
	堡		ホウ ホ	とりで つつみ
	堽	岡 の異体字		
	塋		エイ	はか つか
	塒		シ ジ	とや ねぐら とぐろ
	塹		ザン セン	ほり あな ほ(る)
	墅		ショ ヤ	なや しもやしき のはら
	塿		ル ロウ	つか おか
	墟☆	墟	キョ	おか あと

部首	標準字体	許容字体	音読み	訓読み
土	壅		ヨウ	ふさ(ぐ) さえぎ(る)
	壎		ケン	つちぶえ
	壑		ガク	たに みぞ
	壙☆		コウ	あな むな(しい) のはら
	壜		タン ドン	びん
	壟		リョウ ロウ	うね つか
士(さむらい)	壼		コン	おく しきみ
夂(ち)				
夊(すいにょう)	夐	夐	ケイ	はる(か) とお(い) なが(い)

部首	標準字体	許容字体	音読み	訓読み
夕(た)(ゆうべ)	夥		カ	おびただ(しい) おお(い) なかま
大(だい)	夬		カイ ケツ	わ(ける) き(める) ゆがけ
	夭		ヨウ	わか(い) わかわか(しい) うつく(しい) わざわ(い) わかじに
	夲		トウ	すす(む)
	夸		コ カ	ほこ(る) おご(る)
	夾		キョウ	さしはさ(む) はさ(む) ま(じる)
	奕		エキ ヤク	いご ばくち うつく(しい) うれ(える) かさ(なる) おお(きい)

部首	標準字体	許容字体	音読み	訓読み
大	奐		カン	あき(らか) おお(きい)
	奎		ケイ キ	とかきぼし また
	奚		ケイ	しもべ なん(ぞ) なに
	奘	弉	ソウ ゾウ ジョウ	さか(ん)
	奠		テン デン	まつ(る) そな(える) さだ(める)
	奢☆		シャ	おご(る)
女(おんな)(おんなへん)	奸☆		カン	おか(す) よこしま
	妁	妁	シャク	なこうど
	妝		ソウ ショウ	よそお(う) よそお(い)

部首	標準字体	許容字体	音読み	訓読み
女	妣		ヒ	なきはは
	妲		ダツ	
	姆		ボ モ	うば
	姨		イ	おば
	姜		キョウ	
	姸☆	妍	ケン ゲン	うつく(しい)
	姙		ニン	はら(む) みごも(る)
	姮	嫦	コウ	
	姚		ヨウ	うつく(しい) はる(か)

部首	標準字体	許容字体	音読み	訓読み
女	娥		ガ	うつく(しい)
	娟		ケン エン	うつく(しい) しな(やか)
	娑☆		サ シャ	
	娜	娜	ダ ナ	しな(やか)
	娉		ヘイ ホウ	と(う) めと(る) め(す)
	婀		ア	たお(やか)
	婬		イン	たわむ(れる) みだ(ら)
	婉☆		エン	しと(やか) うつく(しい) したが(う) すなお
	娵		ソウ シュ	たおやめ よめ

部首	標準字体	許容字体	音読み	訓読み
女	娶☆		シュ シュウ	めと(る)
	婢	婢	ヒ	はしため
	婪		ラン	むさぼ(る)
	媚☆		ビ	こ(びる) こび うつく(しい)
	媼		オウ	おうな うば
	媾	媾	コウ	まじ(わる) よしみ
	嫋		ジョウ	たお(やか) しな(やか) そよ(ぐ)
	嫂	嫂	ソウ	あによめ
	媽		ボ モ	はは

部首	標準字体	許容字体	音読み	訓読み
女	嫣		エン	
女	嫗		オウ ウ	おうな あたた(める)
女	嫩		ドン ノン	わか(い)
女	嫖		ヒョウ	かる(い) みだ(ら)
女	嫺		カン	みやび(やか) なら(う)
女	嫻		カン	みやび(やか) なら(う)
女	嬌☆		キョウ	なまめ(かしい)
女	嬋		セン ゼン	あで(やか)
女	嬖		ヘイ	おきにいり かわい(がる)

部首	標準字体	許容字体	音読み	訓読み
女	嬲		ジョウ	なぶ(る)
女	嬪		ヒン	ひめ そ(う) こしもと
女	嬶●			かか かかあ
女	嬾		ラン	おこた(る) ものう(い)
女	孅		セン	かよわ(い) こま(かい)
女	孀		ソウ	やもめ
子（こ）（こへん）	孒		キョウ	ぼうふら
子（こ）（こへん）	孑		ケツ ゲツ	ひと(り)
子（こ）（こへん）	孕☆		ヨウ	はら(む) みごも(る)

部首	標準字体	許容字体	音読み	訓読み
子	孚		フ	かえ(す) まこと はぐく(む)
子	孛		ハイ ボツ	ほうきぼし
子	孥		ヌ ド	つまこ
子	孩		カイ ガイ	あかご ちのみご
子	孰		ジュク	たれ つまび(らか) いず(れ)
子	孳	孶 孶	シ ジ	う(む) しげ(る) つと(める)
子	孵☆		フ	かえ(る) かえ(す)
子	孺		ジュ	ちのみご おさな(い)

部首	標準字体	許容字体	音読み	訓読み
子	孼	孽	ゲツ	ひこばえ わざわ(い) わきばら
宀(うかんむり)	宦☆		カン	つかさ つか(える)
	宸☆		シン	のき
	寇	冦	コウ	あだ かたき
	寔		ショク	まこと(に)
	寐		ビ	ね(る)
	寤		ゴ	さ(める) さと(る)
	寞		バク マク	さび(しい) しず(か)
	寥☆		リョウ	さび(しい) しず(か)

部首	標準字体	許容字体	音読み	訓読み
宀	寰		カン	
寸(すん)				
小(しょう)	尠		セン	すく(ない)
尢(だいのまげあし)	尨		ボウ	むくいぬ ま(じる) おお(きい)
尸(かばね)(しかばね)	尸		シ	しかばね かばね かたしろ つかさど(る)
	尹☆		イン	おさ おさ(める) ただ(す)
	屁☆		ヒ	へ
	屎☆		シ	くそ
	屛☆	屏★	ヘイ ビョウ	かき ついたて しりぞ(く) しりぞ(ける) おお(う)

部首	標準字体	許容字体	音読み	訓読み
尸	屠☆	屠	ト	ほふ(る) さ(く)
	孱		セン サン	よわ(い) おと(る)
	屭	屓	キ	ひいき
屮(てつ)	屮		テツ ソウ	め めば(える)
山(やま)(やまへん)	屶●			なた
	屹☆		キツ	そばだ(つ) けわ(しい)
	岌		キュウ ギュウ	たか(い)
	岑		ギン シン	みね けわ(しい)
	岔		サ タ	

部首	山								
標準字体	岫	峙☆	峭	峪	崟	崛	崑	崔	崢
許容字体									
音読み	シュウ	ジ チ	ショウ	ヨク	ギン	クツ	コン	サイ スイ	ソウ
訓読み	くき いわあな みね	そばだ(つ) そな(える) たくわ(える)	けわ(しい) きび(しい)	たに	みね たか(い)	そばだ(つ)		たか(い) おお(きい) まじ(わる)	たか(い) けわ(しい)

部首	山							
標準字体	崚	崙	嵌☆	嵒	嵎	嵋	嵬	嶇
許容字体		崘						
音読み	リョウ	ロン	カン	ガン	グ グウ	ビ	カイ ガイ ギ	ク
訓読み	たか(い) けわ(しい)		あな ほらあな けわ(しい) は(める) はめこ(む) ちりば(める)	いわ いわお けわ(しい)	くま すみ		たか(い) おお(きい)	けわ(しい)

部首	山								
標準字体	嶄	嶂	嶢	嶝	嶬	嶮	嶷	嶼	巉
許容字体									
音読み	サン ザン	ショウ	ギョウ	トウ	ギ	ケン	ギ ギョク	ショ	サン ザン
訓読み	けわ(しい)	みね	けわ(しい)	さか さかみち	けわ(しい)	けわ(しい)	たか(い) さと(い) かしこ(い)	しま	けわ(しい)

部首	標準字体	許容字体	音読み	訓読み
山	巍		ギ	たか(い) おお(きい)
	巔		テン	いただき
	巒		ラン	みね やまなみ
巛 川 (かわ)(まがりがわ)				
工 (え)(たくみ)(たくみへん)	巫☆		フ ブ	みこ かんなぎ
己 (おのれ)	已☆		イ	すで(に) のみ や(む) はなは(だ)
巾 (はば)(はばへん)(きんべん)	帚☆		ソウ シュウ	は(く) ほうき
	帙		チツ	ふまき ふみづつ(み)
	帑		ド トウ	かねぐら つまこ

部首	標準字体	許容字体	音読み	訓読み
巾	帛☆		ハク	きぬ しろぎぬ ぬさ
	帷☆		イ	とばり かたびら
	幄		アク	とばり
	幃	＊2	イ	とばり
	幀		テイ チョウ	
	幎		ベキ	おお(う) とばり
	幗		カク	かみかざ(り)
	幔		バン マン	まく
	幟☆		シ	のぼり しるし

＊2　本書270頁　B-(1)参照。

部首	標準字体	許容字体	音読み	訓読み
巾	幢		トウ ドウ	はた
	幫	幇	ホウ	たす(ける) なかま
干 (かん)(いちじゅう)	幵		ケン	たい(ら)
	幷☆	并★	ヘイ	あわ(せる) なら(ぶ)
幺 (よう)(いとがしら)	幺		ヨウ	ちい(さい) おさな(い)
	麼		バ マ モ	ちい(さい)
广 (まだれ)	庠		ショウ	まなびや
	廁	厠	シ	かわや ま(じる)
	廂☆		ショウ ソウ	ひさし

1級
字体の違いとデザイン
旧字体
国字

部首	广								
標準字体	廈	廖	廝	廛	廡	廨	廩	龐	廬☆
許容字体	厦		厮	壥					
音読み	カ	リョウ	シ	テン	ブ	カイ	リン	ホウ ロウ	リョ ロ ル
訓読み	いえ	むな(しい)	めしつかい こもの	やしき みせ	ひさし しげ(る)	やくしょ	くら ふち	おお(きい) みだ(れる)	いおり いえ

部首	广	廴(えんにょう)(いんにょう)	廾(こまぬき)(にじゅうあし)		弋(しきがまえ)		弓(ゆみ)(ゆみへん)	
標準字体	廱		弁	彝	弋	弑	弖●	弩
許容字体				彜				
音読み	ヨウ		ベン	イ	ヨク	シ シイ		ド
訓読み	やわ(らぐ)		かんむり	のり つね	いぐるみ と(る) くろ(い) う(かぶ)	しい(する) ころ(す)	て	いしゆみ おおゆみ

部首	弓			彑(けいがしら)	彡(さんづくり)	彳(ぎょうにんべん)			
標準字体	弭	弸	彎☆	彗	彭	彷☆	徂	彿	彽
許容字体		弸	弯★						
音読み	ビ ミ	ビョウ ホウ	ワン	エ ケイ スイ	ホウ	ホウ	ソ	フツ	テイ
訓読み	ゆはず や(める)	み(ちる)	ま(がる) ひ(く)	は(く) ほうき ほうきぼし		さまよ(う) にかよ(う)	ゆ(く) し(ぬ)	にかよ(う) ほの(か)	たちもとお(る)

部首	彳							
標準字体	徊☆	很	徇	徙	徘☆	徨	徭	徼
許容字体								
音読み	カイ	コン	シュン ジュン	シ	ハイ	コウ	ヨウ	キョウ ギョウ ヨウ
訓読み	さまよ(う)	もと(る) はなは(だ)	とな(える) したが(う) めぐ(る)	うつ(す) うつ(る)	さまよ(う)	さまよ(う)	えだち	めぐ(る) さかい くにざかい もと(める) さえぎ(る)

部首	心(こころ) 忄(りっしんべん) 㣺(したごころ)								
標準字体	忖	忻	忤	忸	忱	忝	忿	怡	怙
許容字体									
音読み	ソン	キン	ゴ	ジク ジュウ	シン	テン	フン	イ	コ
訓読み	はか(る) おしはか(る)	よろこ(ぶ)	さから(う) もと(る)	は(じる) な(れる)	まこと	はずかし(める) かたじけな(い)	いか(る)	よろこ(ぶ) やわ(らぐ)	たの(む)

部首	心 忄 㣺								
標準字体	怩	怎	怛	怕	怫	怦	怏	怱	怺●
許容字体									
音読み	ジ	シン ソ ソウ	タツ ダツ タン	ハ ハク	フツ ハイ ヒ	ヒョウ ホウ	オウ ヨウ	ソウ	
訓読み	は(じる)	いか(で) どうして	いた(む) おどろ(く)	おそ(れる)	ふさ(ぐ) いか(る) もと(る)	せわ(しい)	うら(む)	あわ(てる) いそ(ぐ)	こら(える)

部首	標準字体	許容字体	音読み	訓読み
⺗忄心	恚		イ	いか(る) うら(む)
	恁		ジン イン ニン	か(かる) このような
	恪		カク	つつし(む)
	恟		キョウ	おそ(れる)
	恊		キョウ	かな(う) おびや(かす)
	恍☆		コウ	ほの(か) とぼ(ける)
	恃		ジ シ	たの(む) たよ(る)
	恤	卹	シュツ ジュツ	うれ(える) あわ(れむ) めぐ(む)
	恂		ジュン シュン	まこと おそ(れる) またた(く)

部首	標準字体	許容字体	音読み	訓読み
⺗忄心	恬		テン	やす(い) やす(らか) やす(んずる) しず(か)
	恫		トウ ドウ	いた(む) おど(す) おど(かす)
	恙		ヨウ	うれ(い) つつが
	悁		エン ケン	いか(る) あせ(る)
	悍☆		カン	たけ(し) あら(い) あらあら(しい)
	悃		コン	まこと まごころ
	悚		ショウ	おそ(れる)
	悄		ショウ	うれ(える) きび(しい)
	悛		シュン	あらた(める) つつし(む)

部首	標準字体	許容字体	音読み	訓読み
⺗忄心	悖		ハイ ボツ	もと(る) みだ(れる) さか(ん)
	悒		ユウ	うれ(える)
	悧		リ	さか(しい)
	悋		リン	やぶさ(か) お(しむ) ねた(む)
	悸☆		キ	おそ(れる)
	惓		ケン	つつし(む) う(む)
	悴	忰	スイ	やつ(れる) かじか(む) せがれ
	悽		セイ	いた(む) いた(ましい) かな(しむ)
	惆	惆	チュウ	いた(む) うら(む)

部首：小忄心

標準字体	許容字体	音読み	訓読み
悵		チョウ	いた(む) うら(む)
惘	惘	ボウ モウ	ぼんやり(する) あき(れる)
悾		コウ	まこと
愕☆		ガク	おどろ(く)
愆		ケン	あやま(る) あやま(ち)
惶		コウ	おそ(れる)
惷		シュン	みだ(れる) おろ(か)
愀		シュウ ショウ	さび(しい)
惴		スイ ズイ	おそ(れる)

部首：小忄心

標準字体	許容字体	音読み	訓読み
惺		セイ	さと(る) しず(か)
愃		ケン セン	ゆた(か)
愒	愒	カイ カツ ケイ	むさぼ(る) おど(す) いこ(う)
惻		ショク ソク	いた(む)
愍		ビン ミン	あわ(れむ) うれ(える)
愎		フク ヒョク	もと(る) そむ(く)
慍		ウン オン	うら(む) いか(る)
慇		イン	いた(む) ねんご(ろ)
愾		カイ ガイ キ	なげ(く) いか(る)

部首：小忄心

標準字体	許容字体	音読み	訓読み
愨		カク	つつし(む) まこと
愧		キ	は(じる) はじ
慊		キョウ ケン	あきた(りない) あきた(りる)
愿		ゲン	つつし(む) すなお
愬		ソ サク	うった(える) おそ(れる)
愴		ソウ	いた(む) かな(しむ)
慂		ヨウ	すす(める)
慳		カン ケン	お(しむ) しぶ(る)
慷		コウ	なげ(く)

部首　小忄心

標準字体	許容字体	音読み	訓読み
慙	慚	ザン	は（じる）、はじ
慫		ショウ	おどろ（く）、すす（める）
慴		ショウ、シュウ	おそ（れる）
慥	慥	ソウ、ゾウ	たし（か）
慠		ゴウ	おご（る）
慟		トウ、ドウ	なげ（く）
慝		トク	よこしま、わる（い）、わざわ（い）
慓		ヒョウ	すばや（い）
慵		ショウ、ヨウ	ものう（い）、おこた（る）

部首　小忄心

標準字体	許容字体	音読み	訓読み
憖		ギン	なまじ、なまじい（に）、し（いて）
憔		ショウ	やつ（れる）
憚☆		タン	はばか（る）、はばか（り）
憊		ハイ、ヘイ	つか（れる）
憑☆		ヒョウ	よ（る）、たの（む）、つ（く）、かか（る）、かちわた（る）
憫☆		ビン、ミン	あわ（れむ）、うれ（える）
憮		ブ、ム	いつく（しむ）、がっかり（する）
懌		エキ	よろこ（ぶ）、たの（しむ）

部首　小忄心

標準字体	許容字体	音読み	訓読み
懊		オウ	なや（む）、うら（む）
懈		カイ、ケ	おこた（る）、なま（ける）、だる（い）
懃	懃	キン、ゴン	つと（める）、ねんご（ろ）、つか（れる）
懆		ソウ	うれ（える）
憺		タン	やす（んずる）、おそ（れる）
懋		ボウ、モ	つと（める）、さか（ん）
懍		リン	おそ（れる）
懦		ジュ、ダ	よわ（い）
懣		マン、モン	もだ（える）

部首	標準字体	許容字体	音読み	訓読み
心 忄 ⺗	懶		ラン	ものう(い) おこた(る) ものぐさ(い)
	懺☆	懴	ザン サン	く(いる)
	懿		イ	よ(い) うるわ(しい)
	懽		カン	よろこ(ぶ)
	懾		ショウ	おそ(れる)
	戄☆		ク グ	おそ(れる) おど(ろく)
戈(ほこづくり)(ほこがまえ)	戈		カ	ほこ いくさ
	戉		エツ	まさかり
	戍		ジュ	まも(る) たむろ

部首	標準字体	許容字体	音読み	訓読み
戈	戌☆		ジュツ	いぬ
	戔		セン サン ザン	そこ(なう)
	戛	戞	カツ	ほこ う(つ)
	戡		カン	か(つ) ころ(す)
	截☆		セツ	た(つ) き(る)
	戮☆		リク	ころ(す) あわ(せる) はずかし(める)
	戳		タク	つ(く) さ(す)
戸(と)(とだれ)(とかんむり)	扁☆	扁	ヘン	ふだ ひら(たい) ちい(さい)
	扈	扈	コ	ひろ(い) したが(う) つきそ(う) はびこ(る)

部首	標準字体	許容字体	音読み	訓読み
手(て) 扌(てへん)	扎		サツ	ぬ(く) かま(える)
	扣		コウ	ひか(える) たた(く) たず(ねる) さしひ(く)
	扛		コウ	あ(げる) かつ(ぐ)
	扞		カン	ふせ(ぐ) おお(う) ひ(く) あら(い) ひきの(ばす)
	扠		サ	はさみと(る) やす さ(す) さて
	扨●			さて
	扼		アク ヤク	おさ(える)
	抉☆		ケツ	えぐ(る) こ(じる)

1級
字体の違いとデザイン
旧字体
国字

部首	標準字体	許容字体	音読み	訓読み
扌手	找		カ ソウ	さおさ(す) たず(ねる)
扌手	抒☆		ショ ジョ	く(む) の(べる) のぞ(く)
扌手	抓		ソウ	か(く) つま(む) つね(る) つ(む)
扌手	抖		トウ ト	ふる(う) あ(げる)
扌手	抃		ヘン ベン	う(つ) たた(く)
扌手	抔		ホウ	すく(う) など
扌手	拗☆		オウ ヨウ	ねじ(ける) こじ(れる) す(ねる) しつこ(い)
扌手	拑		カン ケン	はさ(む) つぐ(む)
扌手	抻		シン チン	の(ばす)

部首	標準字体	許容字体	音読み	訓読み
扌手	拆		タク	ひら(く) さ(く)
扌手	拈		デン ネン	ひね(る) つま(む)
扌手	拌		ハン	す(てる) さ(ける) わ(る) かきま(ぜる)
扌手	拊		フ	う(つ) な(でる)
扌手	拇		ボ ボウ	おやゆび
扌手	拋	抛	ホウ	な(げる) なげう(つ) ほう(る)
扌手	拏☆	拏	ダ ナ	つか(む) と(らえる) ひ(く)
扌手	挌		カク	う(つ) なぐ(る)
扌手	拮☆		キツ ケツ	はたら(く) せま(る) せ(める)

部首	標準字体	許容字体	音読み	訓読み
扌手	拱		キョウ	こまぬ(く) こまね(く)
扌手	挂		ケイ カイ	か(ける) ひっか(かる)
扌手	挈		ケイ ケツ	ひっさ(げる)
扌手	拯		ショウ ジョウ	すく(う) たす(ける)
扌手	拵		ソン	よ(る) こしら(える)
扌手	挘●			むし(る)
扌手	捐		エン	す(てる) あた(える) か(う)
扌手	捍		カン	ふせ(ぐ) まも(る)
扌手	捏☆		ネツ デツ	こ(ねる) つく(ねる) こじつ(ける)

部首	扌手								
標準字体	掖	掎	掀	掫	捶	掣	掏	掉	掟☆
許容字体									
音読み	エキ	キ	キン ケン	ソウ シュ シュウ	スイ	セイ セツ	トウ	トウ チョウ	ジョウ テイ
訓読み	わきばさ(む) わき たす(ける)	ひ(く) ひきと(める)	あ(げる) かか(げる) もちあ(げる)	よまわ(り)	う(つ) むち むちう(つ)	ひ(く)	えら(ぶ) す(る)	ふ(る) ふる(う)	おきて さだ(め)

部首	扌手						
標準字体	捫	捩	掾	揩	揀	揆☆	揣
許容字体		捩					
音読み	ボン モン	レイ レツ	エン	カイ	カン	キ	シ
訓読み	な(でる) と(る) ひね(る) ひねりつぶ(す)	ばち ねじ(る) よじ(る) もじ(る) ねじ	たす(ける) したやく じょう	す(る) こす(る) ぬぐ(う)	えら(ぶ) わ(ける)	はか(る) はかりごと みち やりかた つかさ	はか(る) おしはか(る)

部首	扌手								
標準字体	揉☆	揶☆	揄☆	搤	搴	搆	搦	搶	搓
許容字体		揶	揄			搆			
音読み	ジュウ	ヤ	ユ トウ	アク ヤク	ケン	コウ	ジャク ダク	ショウ ソウ	サ
訓読み	も(む) も(める) いりま(じる) た(める)	からか(う) あざけ(る)	ひきだ(す) からか(う)	つか(む) おさ(える)	と(る) かか(げる)	ひ(く) かま(える)	から(める) しばりあ(げる) と(る) から(み)	つ(く) あつ(まる) かす(める)	よ(る) も(む)

部首	標準字体	許容字体	音読み	訓読み
扌手	搗		トウ	つ(く) か(つ) う(つ) たた(く) か(てて)
扌手	搏		ハク	う(つ) と(る) つか(まえる) はばた(く)
扌手	搨		トウ	うつ(す) す(る) なす(る)
扌手	摶	摶	タン セン	まる(い) まる(める) もっぱ(ら)
扌手	摧		サイ	くだ(く) くじ(く)
扌手	摎		キュウ コウ	まつ(わる)
扌手	摏		ショウ	つ(く)
扌手	撕		セイ シ	いまし(める) さ(く)

部首	標準字体	許容字体	音読み	訓読み
扌手	撓		ドウ コウ トウ	たわ(む) たわ(める) た(める) しな(う) しわ(る) いた(める) みだ(れる) くじ(ける) しおり
扌手	撥☆		ハチ バチ ハツ	は(ねる) おさ(める) かか(げる) のぞ(く)
扌手	撩		リョウ	おさ(める) いど(む) みだ(れる)
扌手	撈		ロウ	と(る) すくいと(る)
扌手	撼		カン	うご(かす) ゆ(るがす) ゆ(らぐ)
扌手	擒		キン	とら(える) とりこ
扌手	擅		セン ゼン	ほしいまま ゆず(る)

部首	標準字体	許容字体	音読み	訓読み
扌手	撻	撻	タツ	むちう(つ)
扌手	擘		ハク バク	おやゆび さ(く) つんざ(く)
扌手	擂		ライ	す(る) すりつぶ(す) みが(く) う(つ)
扌手	擱		カク	お(く)
扌手	擠		サイ セイ	お(す) おしの(ける) おとしい(れる) くじ(く)
扌手	擡	抬	タイ ダイ	もた(げる) もちあ(げる)
扌手	擣		トウ	つ(く) う(つ) たた(く)
扌手	擯		ヒン	しりぞ(ける) みちび(く)
扌手	擲		テキ チャク	なげう(つ) す(てる) ふ(るう) なぐ(る)

部首	標準字体	許容字体	音読み	訓読み
手 扌	擺		ハイ	ひら(く) ふ(るう)
手 扌	攀☆		ハン	ひ(く) よ(じる) すが(る)
手 扌	擽		リャク ラク レキ	う(つ) はら(う) くすぐ(る)
手 扌	攘☆		ジョウ	はら(う) ゆず(る) ぬす(む) みだ(れる)
手 扌	攢☆	攅	サン	あつ(まる) あつ(める) むら(がる)
手 扌	攤		タン	ひら(く) わりあ(てる) ゆる(やか)
手 扌	攣☆		レン	つ(る) ひきつ(る) か(かる) つな(がる) かが(まる) した(う)
手 扌	攫		カク	つか(む) さら(う) かすめと(る)
手 扌	攬		ラン	と(る) す(べる) つま(む)
支(し)(しにょう)(えだにょう)				
攵(のぶん) 攴(ぼくづくり)	畋		テン デン	か(り) か(る) たがや(す)
攵(のぶん) 攴(ぼくづくり)	敖		ゴウ	あそ(ぶ) なま(ける) かまびす(しい) おご(る)
攵(のぶん) 攴(ぼくづくり)	敞		ショウ	たか(い) ひろ(い)
攵(のぶん) 攴(ぼくづくり)	敝		ヘイ	やぶ(れる) やぶ(る) おとろ(える) つか(れる)
攵(のぶん) 攴(ぼくづくり)	敲☆		コウ	たた(く) むちう(つ) むち たた(き)
攵(のぶん) 攴(ぼくづくり)	斂		レン	おさ(める) あつ(める) ひきし(める) ほぼ
攵(のぶん) 攴(ぼくづくり)	斃☆		ヘイ	たお(れる) し(ぬ) ほろ(びる)
文(ぶん)(ぶんにょう)				
斗(とます)	斛		コク	ます ますめ
斗(とます)	斟		シン	く(む) おしはか(る) おもいや(る)
斤(きん)(おのづくり)	斫		シャク	き(る)
方(ほう)(ほうへん)(かたへん)	旃		セン	はた けおりもの
方(ほう)(ほうへん)(かたへん)	旆		ハイ	はた
方(ほう)(ほうへん)(かたへん)	旁		ホウ ボウ	かたわ(ら) あまね(し) ひろ(い) よ(る) つくり かたがた
方(ほう)(ほうへん)(かたへん)	旄		ボウ モウ	はた はたかざ(り) からうし としよ(り)

部首	標準字体	許容字体	音読み	訓読み
方	旌		ショウ セイ	はた あらわ(す) ほ(める)
	旒	旒	リュウ	はたあし たまかざ(り) なが(れ)
	旛		ハン バン	はた
旡(なし)(ぶ)(すでのつくり)				
日(ひ)(ひへん)(にちへん)	旱☆		カン	ひでり かわ(く)
	旰		カン	く(れる) おそ(い)
	杲		コウ	あき(らか) たか(い)
	昊		コウ	そら おおぞら
	昃		ショク ソク	かたむ(く) ひるす(ぎ)

部首	標準字体	許容字体	音読み	訓読み
日	旻		ビン ミン	そら あきぞら
	杳		ヨウ	くら(い) おくぶか(い) はる(か)
	昵		ジツ	なじ(む) ちか(づく) な(れる)
	昶		チョウ	ひさ(しい) の(びる)
	昴		ボウ	すばる
	昜		ヨウ	ひら(く) あ(がる) あたた(かい)
	晏		アン	おそ(い) やす(らか)
	晁		チョウ	あさ よあ(け)
	晟		セイ	あき(らか) さか(ん)

部首	標準字体	許容字体	音読み	訓読み
日	晞		キ	かわ(く) ほ(す) さら(す)
	晤		ゴ	あき(らか) あ(う) うちと(ける)
	晧	晧	コウ	しろ(い) あき(らか)
	晨		シン	あした よあ(け) とき
	晢	晣	セツ セイ	あき(らか) かしこ(い)
	晰☆	晳	セキ	あき(らか)
	暈☆		ウン	かさ ぼか(し) めまい くら(む) ぼか(す) ぼ(ける) くま
	暉		キ	かがや(く) あき(らか) ひかり ひか(る)

部首	日								
標準字体	暄	暘	暝	曁	暹	暾	曄	曚	曠☆
許容字体				曁	暹		曄		昿
音読み	ケン	ヨウ	ミョウ メイ	キ	セン	トン	ヨウ	ボウ モウ	コウ
訓読み	あたた(かい)	ひので あき(らか)	くら(い) かす(か) く(れる)	およ(ぶ) いた(る) いさ(ましい)	ひので	あさひ	かがや(く) あき(らか) さか(ん) いなずま	くら(い) ほのぐら(い)	あき(らか) ひろ(い) むな(しい)

部首	日			曰(ひらび)(いわく)			月(つき)(つきへん)	
標準字体	曦	曩	曬	曰☆	曷	曼☆	朏	朞
許容字体					曷			
音読み	キ ギ	ドウ ノウ	サイ	エツ	カツ	バン マン	ヒ	キ
訓読み	ひ ひかり	さき さき(に) ひさ(しい)	さら(す)	いわ(く) のたま(わく) い(う)	なに なん(ぞ) いずく(んぞ) いつ	ひ(く) ひっぱ(る) なが(い) うつく(しい) ひろ(い)	みかづき	ひとまわ(り) ひとめぐ(り)

部首	月		木(き)(きへん)						
標準字体	朦☆	朧☆	朮	朿	朶	朸	杆	杠	杞
許容字体							桿		
音読み	ボウ モウ	ロウ	シュツ ジュツ チュツ	シ	タ ダ	リキ リョク ロク	カン	コウ	キ コ
訓読み	おぼろ	おぼろ	もちあわ おけら うけら	とげ のぎ いが	しだ(れる) えだ ひとふさ うご(かす)	もくめ おうご てんびんぼう	てこ てこぼう てすり たて	はたざお ちぎ ちきり	くこ おうち かわやなぎ こりやなぎ

部首	標準字体	許容字体	音読み	訓読み
木	杙		ヨク	くい
	杣●☆			そま
	枉		オウ	ま(がる) ま(げる) ま(げて) むじつのつみ むだ(に)
	杼		チョ ジョ	ひ とち どんぐり
	杪		ビョウ	こずえ すえ お(わり) ちい(さい) ほそ(い)
	枌		フン	にれ そぎ
	枋		ホウ ヘイ	まゆみ いかだ え

部首	標準字体	許容字体	音読み	訓読み
木	枅●☆	(＊2)枅★		ます
	枷		カ	からさお くびかせ かせ
	柯		カ	え えだ くき
	枴	柺	カイ	つえ
	柬		カン	えら(ぶ) えりわ(ける) てがみ なふだ
	枳		キ シ	からたち
	柩☆		キュウ	ひつぎ
	枸		ク コウ	くこ からたち ま(がる)
	柤		サ	てすり

(＊2) 本書270頁 B-(1)参照。

部首	標準字体	許容字体	音読み	訓読み
木	柞		サク	ははそ
	柝		タク	ひょうしぎ き
	柢		テイ	ね ねもと もと(づく)
	柮		トツ	きれはし たきぎ
	枹		ホウ フ	なら ばち
	柎		フ ブ	うてな つ(ける) いかだ
	栞		カン	しおり
	框		キョウ	かまち わく
	栩		ク	くぬぎ

部首	木							
標準字体	桀	栲	桎	桄	梳	栫	桙	枅
許容字体	*2				梳			枅
音読み	ケツ	コウ ゴウ	シツ	コウ	ショ ソ	セン ソン	ウ ボウ	ケイ ケン
訓読み	すぐ(れる) ひい(でる) あら(い) わるがし(こい) はりつけ	たえ ぬるで	あしかせ	よこぎ くろつぐ	くし くしけず(る) す(く) と(く)	ふさ(ぐ) たてしば	ほこ	ますがた とがた うでぎ

*2 本書270頁 B-(1)参照。

部首	木								
標準字体	桛●	桷	梟	梏	梭	梔	梛	梃	桴
許容字体				梏			梛		
音読み		カク	キョウ	コク	サ	シ	ダ ナ	テイ チョウ	フ
訓読み	かせ	たるき	ふくろう さら(す) つよ(い)	てかせ しば(る) みだ(す)	ひ	くちなし	なぎ	つえ てこ	むなぎ ばち いかだ

部首	木								
標準字体	梵☆	梠	棁	梻●	梺●	椏	椁	棊	椈
許容字体	梵							棋の異体字	
音読み	ボン	リョ ロ	セツ タツ			ア	カク		キク
訓読み		のき ひさし	うだち うだつ つえ	しきみ	ふもと	きのまた	ひつぎ うわひつぎ		かしわ ぶな

部首	木								
標準字体	棘☆	棍	棕	椒☆	椄	棗	棣	棹☆	棠
許容字体			椶						
音読み	キョク	コン	シュ ソウ	ショウ	ショウ セツ	ソウ	テイ タイ ダイ	タク トウ	トウ ドウ
訓読み	いばら とげ ほこ おどろ	つえ ぼう わるもの ならずもの	えだ	はじかみ かぐわ(しい) みね いただき	つ(ぐ)	なつめ	にわざくら にわうめ	さお さおさ(す)	からなし やまなし こりんご

部首	木								
標準字体	椚●	楹	楸	楫	楔☆	楮☆	椹	椽	椰
許容字体									
音読み		エイ	シュウ	シュウ ショウ	ケツ セツ	チョ	チン ジン	テン	ヤ
訓読み	くぬぎ	はしら	ひさぎ ごばん	かじ かい こ(ぐ)	くさび ほうだて	こうぞ かみ さつ	あてぎ くわのみ さわら	たるき	やし

部首	木							
標準字体	楡☆	楞	楝	楾●	榁●	榀●	槐	槁
許容字体	榆	楞						
音読み	ユ	リョウ ロウ	レン				カイ	コウ
訓読み	にれ	かど すみ きび(しい) かどば(る)	おうち	はんぞう	むろ	こまい	えんじゅ	か(れる) か(らす) かれき かわ(く) かわ(かす)

部首	標準字体	許容字体	音読み	訓読み
木	槓		コウ	てこ てこぼう
	榾		コツ	ほた ほだ
	槎		サ	いかだ き(る)
	寨		サイ	まがき とりで
	槊		サク	ほこ すごろく
	榻		トウ	こしかけ ねだい ゆか しじ
	槃☆		ハン バン	たらい たの(しむ) めぐ(る) たちもとお(る)
	榔☆	榔	ロウ	
	榧		ヒ	かや

部首	標準字体	許容字体	音読み	訓読み
木	榑		フ	くれ
	榜☆		ボウ	ゆだめ むちう(つ) ふだ たてふだ かか(げる) しめ(す) かじ こ(ぐ)
	榕		ヨウ	あこう
	榴☆		リュウ	ざくろ
	槔	槹	コウ	はねつるべ
	榱		スイ	たるき
	樛		キュウ	ま(がる) めぐ(る) まつ(わる) つが とが

部首	標準字体	許容字体	音読み	訓読み
木	槿	槿	キン	むくげ もくげ
	槲		コク	かしわ
	槧		サン ザン セン	ふだ かきもの はんぎ
	樅		ショウ	もみ つ(く) う(つ)
	槭		セキ シュク	かえで か(れる)
	樔		ショウ ソウ	すく(う) すくいあみ す た(える) とだ(える)
	樊		ハン	まがき かご とりかご みだ(れる)
	樒	櫁	ビツ ミツ	じんこう しきみ

部首：木

標準字体	許容字体	音読み	訓読み
槨		カク	ひつぎ うわひつぎ
橄		カン	
橇		キョウ セイ ゼイ	そり かんじき
橙☆		トウ	だいだい つくえ こしかけ
橦		トウ ショウ	つ(く) う(つ) はたざお
橈		ドウ ジョウ ニョウ	たわ(む) ま(げる) くじ(く) かじ かい
樸		ハク ボク	あらき きじ ありのまま すなお
檋		キョク キョウ	かんじき

部首：木

標準字体	許容字体	音読み	訓読み
檔		トウ	かまち しょだな
檐		エン タン	ひさし のき
檠		ケイ	ゆだめ た(める) ともしびたて ともしび
檄		ケキ ゲキ	ふれぶみ まわしぶみ
檣		ショウ	ほばしら
檗	蘗	ハク	きはだ きわだ
檻☆		カン	おり いたがこ(い) てすり
櫃☆		キ	ひつ はこ

部首：木

標準字体	許容字体	音読み	訓読み
櫂☆		トウ	かじ かい こ(ぐ)
檸		ネイ ドウ	
檳		ヒン ビン	
檬		モウ ボウ	
櫟☆	櫟	レキ ロウ	くぬぎ いちい こす(る)
櫚		リョ ロ	かりん
櫪		レキ	かいばおけ うまや くぬぎ
櫨		ロ	ますがた とがた はぜ
櫱	蘖	ゲツ	ひこばえ

部首	標準字体	許容字体	音読み	訓読み
木	欅☆	櫸	キョ	けやき
	櫺		リョウ レイ	れんじ てすり のき
	欒		ラン	おうち うでぎ まど(か) まる(い)
	欖		ラン	
欠（あくび）（かける）	欠		ケン	あくび
	欸		アイ	ああ ええ そう
	欷		キ	なげ(く) すすりな(く)
	欹		イ キ	ああ そばだ(てる) かたむ(ける)
	歃		ソウ	すす(る)

部首	標準字体	許容字体	音読み	訓読み
欠	歇	歇	ケツ カツ	やす(む) や(める) や(む) つ(きる) か(れる)
	歉		ケン	すく(ない) あきた(りない)
	歙		キュウ キョウ	あわ(せる) おびや(かす) おそ(れる) すぼ(める)
	歔	歔	キョ	すすりな(く)
	歛		カン	のぞ(む) ねが(う) あた(える)
	歟		ヨ	か や
	歠		セツ	すす(る) の(む)
止（とめる）（とめへん）				

部首	標準字体	許容字体	音読み	訓読み
歹（かばねへん）（いちたへん）（がつへん）	歿		ボツ	し(ぬ) お(わる)
	殀		ヨウ	わかじに
	殄		テン	つ(きる) つ(くす) た(つ) ことごと(く)
	殃		オウ	わざわ(い)
	殍		ヒョウ フ	うえじに うえじに(する) か(れる)
	殞		イン	し(ぬ) お(ちる) お(とす)
	殤		ショウ	わかじに
	殪		エイ	たお(れる) たお(す) ころ(す) し(ぬ) うず(める)

部首	標準字体	許容字体	音読み	訓読み
歹	殫		タン	つ(きる) つ(くす) ことごと(く) あまね(く)
歹	殯		ヒン	かりもがり かりもがり(する) ほうむ(る)
歹	殲	殱	セン	つ(くす) ほろ(ぼす)
殳(るまた)(ほこづくり)	殷☆		イン アン	さか(ん) おお(い) ゆた(か) ねんご(ろ) なりひび(く) にぎ(やか) あか(い)
毋(なかれ)(ははのかん)	毋		ブ ム	な(い) なか(れ)
比(ならびひ)(くらべる)				
毛(け)	毟●			むし(る)
毛(け)	毬		キュウ	まり いが

部首	標準字体	許容字体	音読み	訓読み
毛	毫☆		ゴウ	ほそげ すこ(し) わず(か) ふで
毛	毳		セイ ゼイ	むくげ にこげ けば やわ(らかい) そり
毛	毯☆		タン	けむしろ もうせん
毛	氈	氊	セン	けむしろ もうせん
氏(うじ)	氓	氓	ボウ モウ	たみ
气(きがまえ)	氛		フン	き わざわ(い)
水(みず)氵(さんずい)氺(したみず)	汞		コウ	みずがね
水(みず)氵(さんずい)氺(したみず)	汕		サン	すく(う) あみ

部首	標準字体	許容字体	音読み	訓読み
水氵氺	沂		ギ ギン キ	ふち ほとり
水氵氺	汪		オウ	おお(きい) ふか(い) ひろ(い) さか(ん) いけ
水氵氺	沍		コ ゴ	か(れる) こお(る)
水氵氺	沚		シ	なぎさ みぎわ なかす
水氵氺	沁☆		シン	し(みる) ひた(す)
水氵氺	沛		ハイ	さわ たお(れる)
水氵氺	汨		ベキ コツ	しず(む)
水氵氺	沐		ボク モク	あら(う) うるお(う)

部首	水 氵 氺							
標準字体	泄☆	泓	沽	泗	泅	泝	沱	沮
許容字体								
音読み	セツ エイ	オウ	コ	シ	シュウ	ソ	ダ タ	ショ ソ
訓読み	も(れる) も(らす) な(れる)	ふか(い) きよ(い) ふち	う(る) か(う) ねうち	はなじる なみだ	およ(ぐ) う(かぶ)	さかのぼ(る)		はば(む) ふせ(ぐ) くじ(ける) ひる(む) も(れる) さわ

部首	水 氵 氺							
標準字体	沾	泯	泛	泪	洟	洶	洫	洽
許容字体								
音読み	テン セン チョウ	ビン ベン ミン メン	ハン ホウ	ルイ	イ テイ	キョウ	キョク ケキ	コウ
訓読み	うるお(う) うるお(す)	ほろ(びる) つ(きる) くら(む)	う(かぶ) う(かべる) ひろ(い) あまね(く) くつがえ(す)	なみだ	はな はなじる なみだ	わ(く) さわ(ぐ)	みぞ ほり	うるお(す) うるお(う) あまね(し)

部首	水 氵 氺							
標準字体	洸	洵	洌	洒☆	浣	涓	浚	浹
許容字体								
音読み	コウ	シュン ジュン	レツ	サイ シャ セイ セン ソン	カン	ケン	シュン	ショウ
訓読み	ほの(か) かす(か)	まこと まこと(に)	きよ(い) さむ(い)	あら(う) そそ(ぐ) すす(ぐ) つつし(む)	あら(う) すす(ぐ)	ちい(さい) しずく わず(か) きよ(める)	さら(う) ふか(い)	あまね(し) めぐ(る) とお(る) うるお(す) うるお(う)

部首：水 氵 氺

標準字体	許容字体	音読み	訓読み
浙☆		セツ	
涎		セン ゼン エン	よだれ
涕		テイ	なみだ な(く)
涅☆		デツ ネツ ネ	くろつち くろ そ(める) くろ(い) くろ(める)
淹		エン	ひた(す) つ(ける) ひさ(しい) とど(まる) ふか(い) ひろ(い) い(れる)
涵☆		カン	ひた(す) うるお(す) い(れる) もち(いる)
淁		ショウ	

部首：水 氵 氺

標準字体	許容字体	音読み	訓読み
涸☆		コ	か(れる) つ(きる) から(びる)
淆		コウ	ま(じる) にご(る) みだ(す)
淬		サイ	にら(ぐ) つと(める) はげ(む)
淌		ショウ トウ	おおなみ なが(れる)
淒		セイ	すご(い) すさま(じい) さむ(い) ものさび(しい)
淅		セキ	よな(げる) かしよね
淙		ソウ	そそ(ぐ)
淤	淤	オ ヨ	どろ おり ふさ(がる)
淪		リン ロン	しず(む) ほろ(ぶ) おちぶ(れる) まじりあ(う)

部首：水 氵 氺

標準字体	許容字体	音読み	訓読み
渭		イ	
湮	湮	イン	しず(む) ほろ(びる) ふさ(ぐ)
渙		カン	ち(る) と(ける) あき(らか)
湲		エン カン	
渾☆		コン	ま(じる) にご(る) す(べる) すべ(て)
渣		サ	おり かす
湫		シュウ ショウ	ひく(い) せま(い) とどこお(る) みずたま(り) くて
渫		セツ チョウ	さら(う) けが(す) も(らす) あなど(る)

部首	水　氵　氺		
標準字体	許容字体	音読み	訓読み
湍		タン	はやせ　はや(い)　たぎ(る)
渟		テイ	とど(まる)　た(まる)　と(める)
湃		ハイ	
渺		ビョウ	はる(か)　かす(か)
湎		ベン　メン	おぼ(れる)　しず(む)
渝	渝	ユ	か(わる)　か(える)　あふ(れる)
游		ユウ	およ(ぐ)　あそ(ぶ)　すさ(ぶ)
溂		ラツ	
溘		コウ	たちま(ち)　にわ(か)

部首	水　氵　氺		
標準字体	許容字体	音読み	訓読み
滉		コウ	ひろ(い)
溷		コン	にご(る)　みだ(れる)　かわや
滓☆		サイ　シ	おり　かす　よご(れ)
溽		ジョク	むしあつ(い)
滄		ソウ	さむ(い)　あお(い)　あおうなばら
溲	溲	シュウ　シュ　ソウ	ひた(す)　そそ(ぐ)　ゆばり　いばり
滔		トウ	はびこ(る)　うご(く)　あつ(まる)
滕	滕	トウ	わ(く)　わきあ(がる)
溏		トウ	いけ　どろ

部首	水　氵　氺		
標準字体	許容字体	音読み	訓読み
溥		フ	あまね(し)　ひろ(い)　おお(きい)　し(く)
滂		ホウ　ボウ	
溟		メイ	くら(い)　うすぐら(い)　うみ　おおうなばら
滬	滬	コ	えり　あじろ
滸		コ	ほとり　みぎわ
滾		コン	たぎ(る)
漿☆		ショウ	しる　のみもの　おもゆ
滲☆		シン	にじ(む)　し(みる)
漱		ソウ	すす(ぐ)　くちすす(ぐ)　うがい

部首：水 氵 氺

標準字体	許容字体	音読み	訓読み
漲		チョウ	みなぎ(る)
滌		デキ ジョウ	あら(う) すす(ぐ)
漾		ヨウ	ただよ(う)
漓		リ	したた(る) なが(れる)
滷		ロ	しおから(い) にがり
澆		ギョウ	そそ(ぐ) うす(い) かるがる(しい)
潺		サン セン	
潸		サン	
潯		ジン	ふち ほとり みぎわ

部首：水 氵 氺

標準字体	許容字体	音読み	訓読み
潭	潭	タン シン	ふち ふか(い) みぎわ
澂	澄 の異体字		
潘		ハン	しろみず うずまき
澎		ホウ	
潦		ロウ	にわたずみ おおみず ながあめ
澳		イク オウ	くま ふか(い) おき
澣		カン	あら(う) すす(ぐ)
澡		ソウ	あら(う) すす(ぐ) きよ(める)
澹		タン	あわ(い) うす(い) しず(か)

部首：水 氵 氺

標準字体	許容字体	音読み	訓読み
濆	濆	フン	わ(く) ふ(く) ほとり みぎわ
澪		レイ	みお
濬		シュン	さら(う) ふか(い)
瀰		デイ ビ ミ	み(ちる) おお(い)
濘		ネイ	ぬか(る) ぬかるみ どろ
濛		ボウ モウ	こさめ きりさめ くら(い) うすぐら(い)
瀉		シャ	そそ(ぐ) は(く) くだ(す) しおつち
瀋		シン	しる
濺		セン	そそ(ぐ)

部首	水氵氺								
標準字体	瀑☆	瀁	瀏	瀘☆	瀛	瀚	瀝	瀟	瀰
許容字体				沪★（＊3）	瀛				
音読み	バク ボウ	ヨウ	リュウ	リョ ロ	エイ	カン	レキ	ショウ	ビ
訓読み	にわかあめ たき しぶき		きよ（い） あき（らか）	こ（す）	うみ	ひろ（い）	したた（る） そそ（ぐ） しずく	きよ（い）	み（ちる） はびこ（る） ひろ（い）

（＊3） 本書269頁 A-(2)参照。

部首	水氵氺			火（ひ）（ひへん） 灬（れんが）（れっか）				
標準字体	瀾☆	瀲	灑	炙	炒☆	炯	炷	炬☆
許容字体						烱	炷	＊
音読み	ラン	レン	サイ シャ	シャ セキ	ショウ ソウ	ケイ	シュ	キョ コ
訓読み	なみ なみだ（つ）	みぎわ う（かぶ）	そそ（ぐ） あら（う） ち（らす）	あぶ（る） や（く） した（しむ）	い（る） いた（める）	ひか（る） あき（らか）	とうしん ともしび や（く） た（く）	たいまつ かがりび ともしび や（く）

部首	火灬							
標準字体	炸☆	炳	炮	烟	烋	烝	烙	焉☆
許容字体		炳		煙				
音読み	サ サク	ヘイ	ホウ	（煙の旧字体の異体字）	コウ キュウ	ショウ ジョウ	ラク ロク	エン
訓読み	さ（く） さ（ける） はじ（ける）	あき（らか） いちじる（しい）	あぶ（る） や（く）		ほこ（る） めでた（い） さいわ（い）	む（す） むしあつ（い） すす（める） もろもろ まつ（り）	や（く）	これ ここ（に） いずく（んぞ）

部首	火 灬								
標準字体	烽	焠	焜	焙	煥	煦	煢	煌☆	煖
許容字体							煢		
音読み	ホウ	サイ	コン	ホウ ハイ ホイ	カン	ク	ケイ	コウ	ダン ナン
訓読み	のろし	にら(ぐ) や(く)	かがや(く) あき(らか)	あぶ(る) ほう(じる)	かがや(く) あき(らか)	あたた(める) あたた(かい) めぐ(む)	ひとりもの うれ(える)	かがや(く) きら(めく) あき(らか)	あたた(める) あたた(かい) やわ(らかい)

部首	火 灬							
標準字体	煬	熙	熄	熕●	熨	熬	燗	熹
許容字体		熈 煕						
音読み	ヨウ	キ	ソク	コウ	イ ウツ	ゴウ	ラン	キ
訓読み	あぶ(る) かわ(かす) や(く) と(かす)	ひか(る) ひろ(い) やわ(らぐ) よろこ(ぶ) たの(しむ) ああ	き(える) や(む) な(くなる) うずみび	おおづつ	ひのし の(す) おさ(える) のし	い(る) いら(だつ) うれ(える) なや(む)	に(る) かん	あぶ(る) さか(ん) かす(か) よろこ(ぶ)

部首	火 灬							
標準字体	熾☆	燉	燔	燎	燠	燬	燧	燵●☆
許容字体							燧	燵
音読み	シ	トン	ハン ボン	リョウ	イク オウ	キ	スイ	タツ
訓読み	さか(ん) おこ(す) おき		や(く) あぶ(る) ひもろぎ	や(く) かがりび のび まつ(り)	あたた(かい) あつ(い) おき	ひ や(く) や(ける)	ひうち のろし	

部首	火 灬						
標準字体	燻	燼	燹	燿	爍	爛☆	爨
許容字体	熏			燿			
音読み	クン	ジン	セン	ヨウ	シャク	ラン	サン
訓読み	ふす(べる) くす(ぶる) くす(べる) いぶ(す) くゆ(らす) や(く)	もえさ(し) もえのこ(り) のこ(り)	のび へいか	かがや(く) かがや(き) かがよ(う)	ひか(る) と(かす)	に(る) ただ(れる) ただ(れ) あざ(やか) はな(やか)	かし(ぐ) かまど

部首	爪(つめ) 爫 ⺤(つめかんむり)(つめがしら) 爪(そうにょう)		父(ちち)	爻(まじわる)	爿(しょうへん)	
標準字体	爬☆	爰			牀	牆
許容字体						墻
音読み	ハ	エン			ショウ ソウ	ショウ
訓読み	か(く) は(う)	ここ(に) か(える) とりか(える) ゆる(やか)			ねだい こしかけ だい ゆか とこ	かき まがき へい かこ(い)

部首	片(かた)(かたへん)			牙(きば)(きばへん)	牛(うし)(うしへん)		
標準字体	牋	牖	牘		牴	牾	犂
許容字体							犁
音読み	セン	ユウ	トク		テイ	ゴ	リ レイ リュウ
訓読み	ふだ かきつけ てがみ	まど みちび(く)	ふだ かきもの ふみ てがみ		ふ(れる) さわ(る) あ(たる) およ(そ) おひつじ	さか(らう)	す(く) すき まだらうし しみ くろ(い)

部首	標準字体	許容字体	音読み	訓読み
牛	犇		ホン	はし(る) ひしめ(く)
	犒		コウ	ねぎら(う) ねぎら(い)
	犖		ラク	まだらうし あき(らか) すぐ(れる)
	犢		トク	こうし
犬(いぬ) 犭(けものへん)	犲		サイ	やまいぬ
	狃		ジュウ	な(れる) なら(う)
	狆		チュウ	ちん
	狄		テキ	えびす
	狎		コウ	な(れる) あなど(る) もてあそ(ぶ)

部首	標準字体	許容字体	音読み	訓読み
犬 犭	狒		ヒ	ひひ
	狢		カク	むじな
	狠		コン	か(む) もと(る) ねじ(ける) はなは(だ)
	狡☆		コウ	ずる(い) わるがしこ(い) こす(い) すばや(い) くる(う)
	狷		ケン	せま(い) かたいじ
	倏		シュク	たちま(ち) すみ(やか)
	猊		ゲイ	しし
	猗		イ ア	ああ うつく(しい) たお(やか) なよ(やか)

部首	標準字体	許容字体	音読み	訓読み
犬 犭	猜	猜	サイ	そね(む) ねた(む) うたが(う)
	猖		ショウ	くる(う) たけりくる(う)
	猝		ソツ	にわ(か) はや(い)
	猋		ヒョウ	はし(る) つむじかぜ はやて
	猴		コウ	さる ましら
	猯		タン	まみ たぬき
	猩		セイ ショウ	あかいろ
	猥☆		ワイ	みだ(りに) みだ(ら)
	猾		カツ	みだ(れる) みだ(す) わるがしこ(い)

部首	標準字体	許容字体	音読み	訓読み
犬 犭	獏		バク	
	獗		ケツ	たけ(る) くる(う)
	獪		カイ	わるがしこ(い) ずる(い)
	獮		セン	か(り) か(る) ころ(す)
	獰		ドウ	わる(い) にくにく(しい)
	獺		タツ ダツ	かわうそ おそ
玄(げん)				
玉(たま) 王(おう)(おうへん)(たまへん)	玫		バイ マイ	
	珈		カ	かみかざ(り)

部首	標準字体	許容字体	音読み	訓読み
玉 王	玻		ハ	
	珀		ハク	
	珥		ジ	みみだま さしはさ(む)
	珮		ハイ	おびだま
	珞		ラク	
	琅	瑯	ロウ	
	琥		コ	
	琲		ヒ ハイ	
	琺		ホウ	

部首	標準字体	許容字体	音読み	訓読み
玉 王	瑇	瑇 玳	タイ	
	瑕☆		カ	きず あやま(ち)
	瑟		シツ	おおごと
	瑙		ノウ	
	瑁		マイ	
	瑜	瑜	ユ	
	瑶		ヨウ	たま うつく(しい)
	瑩		エイ	あき(らか) つや(やか) みが(く)
	瑰		カイ	めずら(しい) すぐ(れる) おお(きい)

1級
字体の違いとデザイン
旧字体
国字

部首	王玉							
標準字体	瑣	瑪	瑾	璋	璇	璢	璞	瓊
許容字体			瑾			瑠		瓊
音読み	サ	バ メ	キン	ショウ	セン	瑠の異体字	ハク	ケイ
訓読み	ちい(さい) わずら(わしい) くさり つら(なる)			たま ひしゃく	たま		あらたま	たま に うつく(しい)

部首	王玉		瓜瓜(うり)		瓦(かわら)				
標準字体	瓏	瓔	瓠	瓣	瓧●	瓩●	瓮	瓲●	瓰●
許容字体			瓠	瓣					
音読み	ロウ	ヨウ エイ	コ カク	ベン			オウ		
訓読み		くびかざ(り)	ひさご ふくべ	うりのなかご はなびら	デカグラム	キログラム	かめ もたい	トン	デシグラム

部首	瓦								
標準字体	瓱●	瓸●	瓷	甄	甃	甅●	甌	甎	甍
許容字体				甄				甎	
音読み			シ ジ	ケン	シュウ		オウ	セン	ボウ モウ
訓読み	ミリグラム	ヘクトグラム	いしやき かめ	すえ つく(る) みわ(ける) しら(べる)	しきがわら いしだたみ	センチグラム	ほとぎ かめ はち	かわら しきがわら	いらか

部首	標準字体	許容字体	音読み	訓読み
瓦	甕☆		オウ	かめ もたい みか
	甓		ヘキ	かわら しきがわら
甘（かん）（あまい）				
生（うまれる）	甦☆		ソ	よみがえ（る）
用（もちいる）				
田（た）（たへん）	畛		シン	さかい あぜ
	畚		ホン	ふご もっこ
	畤		シ ジ	まつりのにわ
	畬	畭	ヨ シャ	あらた やきはた

部首	標準字体	許容字体	音読み	訓読み
田	畸		キ	めずら（しい） のこ（り） あま（り）
	疆☆		キョウ	さかい かぎ（る） かぎ（り）
	疇☆	畴	チュウ	うね はたけ たぐい むく（いる） さき（に） むかし だれ
疋（ひき）（ひきへん）				
疒（やまいだれ）	疔		チョウ	かさ できもの
	疚		キュウ	や（む） なや（む） ながわずら（い） やま（しい）
	疝		サン セン	せんき
	疥		カイ	ひぜん はたけ おこり

部首	標準字体	許容字体	音読み	訓読み
疒	疣		ユウ	いぼ
	痂		カ ケ	かさぶた ひぜん
	疸☆		タン	おうだん
	疳		カン	
	痃		ケン ゲン	
	疵☆		シ	きず やまい そし（る）
	疽☆		ショ ソ	かさ はれもの
	疼☆	*	トウ	うず（く） うず（き） いた（む）
	疱☆		ホウ	もがさ とびひ

部首	標準字体	許容字体	音読み	訓読み
疒	痍		イ	きず、きず(つく)、きず(つける)
疒	痊		セン	い(える)、い(やす)
疒	痒☆		ヨウ	かさ、かゆ(い)、や(む)、やまい
疒	痙☆		ケイ	ひきつ(る)
疒	痣		シ	ほくろ、あざ
疒	痞		ヒ	つか(え)、つか(える)
疒	痾		ア	やまい、ながわずら(い)
疒	痿		イ	な(える)、しび(れる)
疒	痼		コ	ながわずら(い)、しこ(り)

部首	標準字体	許容字体	音読み	訓読み
疒	瘁		スイ	つか(れる)、やつ(れる)、くず(れる)
疒	痰☆		タン	
疒	痹		ヒ	しび(れる)、しび(れ)
疒	痺☆	痺	ヒ	しび(れる)、うずら＝鳥の名
疒	痲		バ、マ	しび(れる)、しび(れ)
疒	痳		リン	せんき、りんびょう
疒	瘋		フウ	ずつう
疒	瘉	瘉	ユ	い(える)、い(やす)
疒	瘟		オン	えやみ、はやりやまい

部首	標準字体	許容字体	音読み	訓読み
疒	瘧		ギャク	おこり
疒	瘠		セキ	や(せる)
疒	瘡☆		ショウ、ソウ	きず、かさ、くさ
疒	瘢		ハン	きず、きずあと、しみ、そばかす
疒	瘤☆		リュウ	はれもの、こぶ、じゃまもの
疒	瘴		ショウ	
疒	瘰		ルイ	
疒	瘻☆		ル、ロウ	はれもの、こぶ
疒	癇		カン	ひきつ(け)

部首	標準字体	許容字体	音読み	訓読み
疒	癈		ハイ	
疒	癆		ロウ	おとろえや(せる) かぶ(れ) いた(む)
疒	癜		テン デン	なまず
疒	癘		ライ レイ	えやみ はやりやまい
疒	癢		ヨウ	かゆ(い) はがゆ(い) もだ(える)
疒	癨		カク	しょきあ(たり)
疒	癩		ライ	
疒	癧		レキ	
疒	癪•		シャク	

部首	標準字体	許容字体	音読み	訓読み
疒	癬☆		セン	たむし ひぜん
疒	癭		エイ	こぶ
疒	癰		ヨウ	はれもの
疒	癲		テン	くる(う)
疒	癴		レン	ひきつ(る) つ(る)
癶(はつがしら)	癸		キ	はか(る) みずのと
白(しろ)	皁		ソウ	どんぐり くろ くろ(い) しもべ うまや かいばおけ
白(しろ)	皎		キョウ コウ	しろ(い) あか(るい) きよ(い)

部首	標準字体	許容字体	音読み	訓読み
白	皖		カン	あき(らか)
白	皓		コウ	きよ(い) しろ(い) ひか(る)
白	皙		セキ	しろ(い) なつめ
白	皚		ガイ	しろ(い)
皮(けがわ)(ひのかわ)	皰		ホウ	にきび もがさ
皮(けがわ)(ひのかわ)	皴		シュン	ひび しわ
皮(けがわ)(ひのかわ)	皹	皸	クン	ひび あかぎれ
皮(けがわ)(ひのかわ)	皺☆		シュウ スウ	しわ しわ(む)
皿(さら)	盂☆		ウ	はち わん

部首	皿	皿	皿	皿	皿	皿	目（め）（めへん）	目（め）（めへん）
標準字体	盍	盒	盞	盥	盧	盪	盻	眈
許容字体						盪		
音読み	コウ	ゴウ	サン	カン	ロ	トウ	ケイ	タン
訓読み	おお（う） あ（う） なん（ぞ）…（ざる）	ふたもの ふた さら	さかずき	そそ（ぐ） すす（ぐ） たらい	めしびつ くろ（い） あし	とろ（ける） あら（う） あらいきよ（める） うご（く） うご（かす） ほしいまま（にする）	にら（む） かえり（みる）	にら（む）

部首	目	目	目	目	目	目
標準字体	眇	眄	眩☆	眥	眛	眷
許容字体				眦		
音読み	ビョウ ミョウ	ベン メン	ゲン	セイ シ サイ	バイ マイ	ケン
訓読み	すがめ すが（める） ちい（さい） はる（か） かす（か） おくぶか（い）	み（る） ながしめ なが（める） かえり（みる）	く（れる） ま（う） くら（む） くるめ（く） まど（う） くら（ます） めまい まばゆ（い） まぶ（しい）	まなじり にら（む）	くら（い）	かえり（みる） こいした（う） めぐ（み） なさ（け） みうち

部首	目	目	目	目	目	目	目	目
標準字体	眸	睇	睚	睨☆	睫☆	睛	睥	睾☆
許容字体						睛	睥	
音読み	ボウ ム	ダイ テイ	ガイ	ゲイ	ショウ	セイ	ヘイ	コウ
訓読み	ひとみ	ぬすみみ（る） ながしめ よこめ	まなじり にら（む）	にら（む） うかが（う） かたむ（く）	まつげ	ひとみ	ながしめ にら（む） うかがいみ（る）	さわ たか（い） ひろ（い） おお（きい） きんたま

部首	標準字体	許容字体	音読み	訓読み
目	睹		ト	み(る)
	瞎		カツ	くら(い)
	瞋		シン	いか(らす) いか(る)
	瞑☆		ミョウ メイ メン	くら(い) くら(む) つぶ(る)
	瞠		ドウ トウ	みは(る) みつ(める)
	瞞☆		バン マン モン	だま(す) あざむ(く) くら(ます) は(じる)
	瞰☆		カン	み(る) みお(ろす) のぞ(む)
	瞿		ク	み(る) おそ(れる)
	瞼☆		ケン	まぶた

部首	標準字体	許容字体	音読み	訓読み
目	瞽		コ	くら(い) おろ(か)
	瞻		セン	み(る)
	矇		ボウ モウ	くら(い) おろ(か)
	矍		カク	みまわ(す) あわ(てる) はや(る) いさ(む)
	矚		ショク ソク	み(る)
矛 (ほこ) (ほこへん)	矜		カン キョウ キン	つつし(む) あわ(れむ) ほこ(る) やもお
矢 (や) (やへん)	矣		イ	
	矮		アイ ワイ	みじか(い) ひく(い)
石 (いし) (いしへん)	矼		コウ	とびいし いしばし かた(い)

部首	標準字体	許容字体	音読み	訓読み
石	矻		コツ	はたら(く)
	砌		セイ サイ	みぎり
	砒☆		ヒ	
	砠		ショ ソ	いしやま つちやま
	硅		ケイ	やぶ(る)
	硼	硼	ホウ	
	碚		ハイ	
	碌		ロク	
	碣	碣	ケツ	いしぶみ

部首	石								
標準字体	碪	磑	磋☆	磔	碾	碼	磅	磊	磬
許容字体				＊2					
音読み	チン ガン	ガイ	サ	タク	テン デン	バ マ メ	ホウ	ライ	キン ケイ
訓読み	きぬた	うす ひきうす いしうす	みが(く)	さ(く) はりつけ	うす ひ(く)	ヤード	ポンド		は(せる)

＊2 本書270頁 B-(1)参照。

部首	石								
標準字体	磧	磚	磽	磴	礒	礑	礙	礬	礫☆
許容字体		磚							
音読み	セキ	セン	キョウ コウ	トウ	ギ	トウ	ガイ ゲ	ハン バン	レキ
訓読み	かわら さばく	かわら	やせち	いしざか いしだん いしばし	いそ	そこ はた(と) はった(と)	さまた(げる) さえぎ(る) ささ(える)		こいし いしころ つぶて

部首	示(しめす) 示 礻(しめすへん)								
標準字体	祀☆	祠☆	祗	祟☆	祚	祓☆	祺	禊☆	禝
許容字体	祀	祠	祗		祚	祓	祺	禊	禝
音読み	シ	シ	シ	スイ	ソ	フツ	キ	ケイ	ショク
訓読み	まつ(る) まつ(り) とし	まつ(る) まつ(り) ほこら	つつし(む) ただ	たた(る) たた(り)	さいわ(い) くらい とし	はら(う) はら(い)	さいわ(い) やす(らか)	みそぎ はら(う)	

部首	標準字体	許容字体	音読み	訓読み
示 ネ 示	禧	禧	キ	さいわ(い) めでた(い) よろこ(び)
	禳	禳	ジョウ	はら(う) はら(い)
内(じゅう)	禹		ウ	
	禺		グ グウ	おながざる すみ でく
禾(のぎ)(のぎへん)	秉		ヘイ	と(る) まも(る) いねたば え
	秕	粃	ヒ	しいな くずごめ わる(い)
	秧		オウ	なえ う(える)
	秬	秬	キョ	くろきび

部首	標準字体	許容字体	音読み	訓読み
禾	秣		バツ マツ	まぐさ まぐさか(う)
	稈		カン	わら
	稍		ショウ ソウ	ちい(さい) ようや(く) やや すこ(し) ふち
	稠	稠	チュウ チョウ	しげ(る) おお(い) こ(い)
	稟	稟	リン ヒン	こめぐら う(ける) ふち もう(す)
	稷		ショク	きび たおさ
	穡		ショク	とりい(れ) とりい(れる) お(しむ)
	穢☆		ワイ アイ エ	あ(れる) けが(れる) わる(い) きたな(い)

部首	標準字体	許容字体	音読み	訓読み
穴(あな)(あなかんむり)	穹		キュウ	あな おおぞら ゆみがた おお(きい) たか(い) ふか(い)
	穽		セイ	おとしあな
	窈		ヨウ	おくぶか(い) くら(い) かす(か) の(びやか) おくゆか(しい) あで(やか)
	窕		チョウ ヨウ	ふか(い) あで(やか) おくゆか(しい)
	窘		キン	せ(まる) きわ(まる) くる(しむ) あわただ(しい) たしな(める)
	窖	窖	コウ	あなぐら むろ ふか(い)

部首	穴					
標準字体	窩☆	窶	窿	竅	竄	竇
許容字体						
音読み	カ	ク ロウ	リュウ	キョウ	サン ザン	トウ トク
訓読み	あな むろ いわや かく(す) かくま(う)	まず(しい) おか つか やつ(れる) やつ(す)	ゆみがた	あな	かく(れる) のが(れる) に(げる) あらた(める) はな(す)	あな あなぐら くぐ(り) みぞ

部首	立(たつ)(たつへん)							
標準字体	竍●	竏●	竕●	竓●	站	竚	竟☆	竡●
許容字体								
音読み					タン	チョ	キョウ ケイ	
訓読み	デカリットル	キロリットル	デシリットル	ミリリットル	た(つ) たたず(む) うまつぎ えき	たたず(む) たちど(まる) ま(つ)	つ(きる) お(わる) きわ(める) つい(に) さかい わた(る)	ヘクトリットル

部首	立				竹(たけ)(たけかんむり)			
標準字体	竦☆	竢	竭	竰●	竽	笏	笊	笆
許容字体			竭					
音読み	ショウ	シ	ケツ		ウ	コツ	ソウ	ハ
訓読み	つつし(む) おそ(れる) すく(む) つま(だつ) そび(える) そび(やかす)	ま(つ) まちう(ける)	か(れる) つ(きる) つ(くす) ことごと(く)	センチリットル	ふえ	しゃく	ざる す	いばらだけ たけがき

部首	竹								
標準字体	笋	笳	笘	笙	笞	笵	笨	筐	笄
許容字体	筍の異体字							筐	笄
音読み		カ	セン チョウ	ショウ	チ	ハン	ホン	キョウ	ケイ
訓読み		あしぶえ	ふだ むち	ふえ しょうのふえ	むち しもと むちう(つ)	のり いがた	あら(い) そまつ(な) おろ(かな)	かご かたみ はこ ねだい	こうがい かんざし

部首	竹								
標準字体	筍	筌	筅	筵☆	筥	筴	筧	筰	筱
許容字体									
音読み	シュン ジュン	セン	セン	エン	キョ	キョウ サク	ケン	サク	ショウ
訓読み	たけのこ たけのかわ	うえ ふせご	ささら	むしろ せき	はこ いねたば	はし はさ(む) めどぎ はかりごと	かけい かけひ	たけなわ	しのだけ

部首	竹								
標準字体	筬	筮	筲	箝	箘	箍	箜	箚	箒☆
許容字体	筬							劄	
音読み	セイ	セイ ゼイ	ソウ ショウ	カン ケン	キン	コ	コウ ク	サツ トウ	ソウ シュウ
訓読み	おさ	めどぎ うらな(う) うらな(い)	かご ふご めしびつ	はさ(む) くびかせ つぐ(む) とざ(す)	しのだけ やだけ	たが		さ(す) もうしぶみ しる(す)	ほうき は(く) はら(う)

部首：竹

標準字体	許容字体	音読み	訓読み
箏☆	箏	ソウ ショウ	こと そうのこと しょうのこと
箙	箙	フク	えびら やなぐい
篋		キョウ	はこ
篁		コウ	たかむら たけやぶ たけ
篌		コウ ゴ	
箴		シン	はり いしばり いまし(める) いまし(め)
篆☆		テン	
篪		チ	ちのふえ
篝☆	*	コウ	かご ふせご かがり

部首：竹

標準字体	許容字体	音読み	訓読み
篩		シ	ふるい ふる(う)
簑	簑	サ サイ	みの
篥		リツ リキ	
簀☆		サク	す すのこ
簇		ソウ ソク ゾク	むら(がる) あつ(まる)
篳	篳	ヒツ ヒチ	まがき いばら しば
篷		ホウ	とま ふね こぶね
簍		ロウ ル	たけかご
簓●	簓	セン	ささら

部首：竹

標準字体	許容字体	音読み	訓読み
簗●			やな
簣		キ	あじか もっこ
簧		コウ	ふえ しょうのふえ した
簪	簪	サン シン	かんざし かざ(す) はや(い) あつ(まる)
簟	簟	テン	たかむしろ すのこ
簷		エン	ひさし のき
簫		ショウ	ふえ しょうのふえ
簽		セン	ふだ はりふだ しる(す) みだ(し)
籌		チュウ	かずとり はかりごと はか(る)

部首	竹								
標準字体	籃	籔	籒	籐	籟	籙	籡●	籤	籥
許容字体			籀	籐				籖	
音読み	ラン	ソウ	チュウ	トウ	ライ	リョク ロク		セン	ヤク
訓読み	かご あじろごし	こめあげざる	よ（む）		ふえ ひび（き）	かきもの ふみ	しんし	くじ うらな（う） くし ひご	ふえ

部首	竹	米（こめ）（こめへん）						
標準字体	籬☆	籵●	粏●	粤	粢	粨●	粳	粲
許容字体								
音読み	リ		タ	エツ オチ	シ		コウ	サン
訓読み	まがき ませがき	デカメートル	ぬかみそ	ここ（に） ああ	きび こくもつ しとぎ もち	ヘクトメートル	うるち ぬか	しらげよね いい（めし） あき（らか） あざ（やか） きよ（らか） わら（う）

部首	米								
標準字体	粱	粽	糀●	糂	糅	糒	糜	糝	糯
許容字体									
音読み	リョウ	ソウ		サン ジン	ジュウ	ヒ ビ	ビ	サン シン	ダ ナ
訓読み	あわ こくもつ	ちまき	こうじ	こながき ま（じる）	ま（じる） まじ（える） か（てる）	ほしいい かれいい かて	かゆ ただ（れる） つい（やす） ほろ（びる）	こながき めしつぶ ま（ぜる） まじ（える）	もちごめ

部首	米				糸（いと）（いとへん）			
標準字体	糲	糵	糴	糶	糺	紆	紂	紉
許容字体								
音読み	レイ ライ ラツ	ゲツ	テキ	チョウ	キュウ	ウ	チュウ	ジン
訓読み	くろごめ あら(い) そまつ(な)	もやし こうじ	か(う) かいよね いりよね	う(る) うりよね だしよね せり	あざな(う) ただ(す)	ま(がる) ま(げる) めぐ(る) まと(う) まつ(わる) むす(ぼれる)	しりがい	なわ むす(ぶ) つづ(る)

部首	糸								
標準字体	紜	紕	紊	絅	紮☆	紲	紿	紵	絆☆
許容字体									
音読み	ウン	ヒ	ブン ビン	ケイ	サツ	セツ	タイ	チョ	ハン バン
訓読み	みだ(れる)	かざ(り) かざ(る) あやま(り)	みだ(れる) みだ(す)	うすぎぬ	たば(ねる) から(げる) とど(まる)	きずな つな(ぐ)	あざむ(く) ゆる(む)	いちび あさぬの	きずな ほだ(す) つな(ぐ)

部首	糸								
標準字体	絳	絖	絎	絨☆	絮	絏	綉	絛	綏
許容字体	＊2								
音読み	コウ	コウ	コウ	ジュウ	ショ ジョ	セツ	シュウ	トウ ジョウ	スイ タ
訓読み	あか あか(い)	わた きぬわた ぬめ	へり ぬ(う) く(ける)		わた わたいれ くど(い)	きずな しば(る)	ぬいとり	さなだ うちひも くみひも	たれひも やす(らか) やす(んずる)

＊2 本書270頁 B-(1)参照。

部首 糸

標準字体	許容字体	音読み	訓読み
絽		リョ、ロ	しまおりもの
綛●	綛		かすり、かせ
絣☆	絣	ホウ	かすり
綺		キ	あや、うつく（しい）、いろ（う）
綮	綮	ケイ	はたじるし、かなめ
綦		キ	あやぎぬ、もえぎいろ、くつかざ（り）
綣		ケン	まつ（わる）、ねんご（ろ）
綵		サイ	あやぎぬ、あや
緇		シ	くろぎぬ、くろ（い）、くろ（む）

部首 糸

標準字体	許容字体	音読み	訓読み
綽☆		シャク	ゆる（やか）、たお（やか）
綫		セン	いと、すじ
綢	綢	チュウ	まと（う）、まつ（わる）、こま（かい）、こみあ（う）
綯		トウ	な（う）、よりあわ（せる）、なわ
綸		リン、カン	いと、おさ（める）、つかさど（る）、おびひも
綟	綟	ライ、レイ	もえぎいろ、もじ、もじり
綰		ワン	むす（ぶ）、す（べる）、つな（ぐ）、わが（ねる）、たが（ねる）、たく（る）、たぐ（る）
緘		カン	と（じる）、とじなわ、てがみ

部首 糸

標準字体	許容字体	音読み	訓読み
緝		シュウ	つむ（ぐ）、あつ（める）、とら（える）、やわ（らげる）、ひかりかがや（く）
緤		セツ	きずな、つな（ぐ）
緞		タン、ダン、ドン	
緲		ビョウ	かす（か）、はる（か）
緡		ビン、ミン	いと、さし
縅●			おど（す）、おどし
縊		イ	くび（る）、くび（れる）、くく（る）
縕		ウン、オン	おくぶか（い）、ふるわた

部首	標準字体	許容字体	音読み	訓読み
糸	縡		サイ	こと、いき
	縒		シ、サク	ふぞろ(い)、みだ(れる)、よ(る)、よ(り)
	縟		ジョク	かざ(り)、わずら(わしい)、くど(い)
	縉		シン	うすあか(い)、さしはさ(む)
	縋	縋	ツイ	すが(る)
	縢	縢	トウ	から(げる)、と(じる)、かが(る)、むかばき
	繆		ビュウ、リョウ、ボク、キュウ	あやま(る)、たが(う)、もと(る)、いつわ(る)、まつ(わる)
	繦	繦	キョウ	せおいおび、むつき

部首	標準字体	許容字体	音読み	訓読み
糸	縻		ビ	きずな、つな(ぐ)、しば(る)
	縵		バン、マン	むじぎぬ、ゆる(やか)、つれび(き)
	縹		ヒョウ	はなだいろ、はなだ、とお(い)、はる(か)
	繃	繃	ホウ	たば(ねる)、ま(く)、つつ(む)
	縷		ル、ロウ	いと、いとすじ、ぼろ、くわ(しい)、こまか(い)
	縲		ルイ	なわ、しば(る)、つな(ぐ)
	縺	縺	レン	もつ(れる)、もつ(れ)
	繝		ケン、ゲン	あや、にしきもよう
	繖		サン	きぬがさ、あまがさ

部首	標準字体	許容字体	音読み	訓読み
糸	繞		ジョウ、ニョウ	めぐ(る)、めぐ(らす)、まと(う)、まつ(わる)
	繙		ハン、ホン	ひもと(く)、ひるがえ(る)、ひきつづ(く)
	繚		リョウ	まと(う)、まつ(わる)、めぐ(る)、めぐ(らす)、みだ(れる)
	繧●		ウン	
	繹		エキ	ひきだ(す)、たず(ねる)、つら(なる)、つら(ねる)
	繳		シャク、キョウ	いぐるみ、まつ(わる)、かえ(す)、おさ(める)
	繻		シュ、ジュ	うすぎぬ、しゅす
	繽		ヒン	
	辮		ヘン、ベン	あ(む)、く(む)

部首	標準字体	許容字体	音読み	訓読み
糸	纃●			かすり
	纊		コウ	わた わたいれ
	纈		ケチ ケツ	しぼ(り) しぼりぞ(め) かすみめ
	纐●		コウ	しぼ(り) しぼりぞ(め)
	纓		エイ ヨウ	ひも むながい まと(う)
	纔		サイ	わず(か) わず(かに)
	纛		トウ トク	はたぼこ
	纘	纉	サン	つ(ぐ) うけつ(ぐ) あつ(める)
	纜		ラン	ともづな

部首	標準字体	許容字体	音読み	訓読み
缶(ほとぎ)	缶		フ	ほとぎ
	缸		コウ	かめ もたい
	罅		カ	ひび すきま
	罌		オウ	かめ もたい
	罍		ライ	さかだる
	罎		ドン	さけがめ びん
网 罒(あみがしら)(あみめ)(よこめ)	罕		カン	とりあみ はた まれ(に)
	罔	罔	モウ ボウ	あみ くら(い) おろ(か) し(いる) あざむ(く) な(い)

部首	標準字体	許容字体	音読み	訓読み
网 罒	罘		フ フウ	あみ うさぎあみ
	罟		コ	あみ うおあみ
	罠☆		ビン ミン	あみ わな
	罨		アン エン	あみ おお(う)
	罩		トウ	かご こ(める)
	罧		シン	ふしづけ ふし
	罹☆		リ	かか(る) こうむ(る)
	罥		ケン	わな くく(る)
	羆		ヒ	ひぐま

部首	標準字体	許容字体	音読み	訓読み
罒 网	羃		ベキ	おお(う)
罒 网	羇		キ	たび、たびびと
罒 网	羈		キ	おもがい、たづな、つな(ぐ)、とりし(まる)、たび、たびびと
羊(ひつじ)(ひつじへん)	羌		キョウ	えびす
羊(ひつじ)(ひつじへん)	羔		コウ	こひつじ
羊(ひつじ)(ひつじへん)	羝		テイ	おひつじ
羊(ひつじ)(ひつじへん)	羚		リョウ、レイ	かもしか
羊(ひつじ)(ひつじへん)	羯	羯	カツ	えびす

部首	標準字体	許容字体	音読み	訓読み
羊	羲		ギ	
羊	羹		コウ、カン	あつもの
羊	羶		セン	なまぐさ(い)
羊	羸	羸	ルイ	や(せる)、つか(れる)、よわ(い)、よわ(る)
羽(はね)	翅☆	翅	シ	つばさ、はね、ひれ
羽(はね)	翊	翊	ヨク	とびこ(える)、あくるひ、たす(ける)
羽(はね)	翕	翕	キュウ	お(こる)、さか(ん)、あつ(める)、あつ(まる)、と(じる)
羽(はね)	翔		ショウ	かけ(る)、と(ぶ)

部首	標準字体	許容字体	音読み	訓読み
羽	翡	翡	ヒ	かわせみ
羽	翦	翦	セン	き(る)、そ(ぐ)、ほろ(ぼす)、はさ(む)
羽	翩	翩	ヘン	ひるがえ(る)
羽	翳☆	翳	エイ	かげ、かげ(る)、かざ(す)、かざ(し)、くも(り)、かす(む)
羽	翹	翹	ギョウ	あ(げる)、つまだ(てる)、すぐ(れる)
老 耂(おいかんむり)(おいがしら)	耆☆		キ、シ	お(いる)、としよ(り)、おさ、たしな(む)
老 耂(おいかんむり)(おいがしら)	耄		モウ、ボウ	としよ(り)、おいぼ(れる)、ほう(ける)
老 耂(おいかんむり)(おいがしら)	耋		テツ	としよ(り)、お(いる)

部首	標準字体	許容字体	音読み	訓読み
而（しかして）（しこうして）				
耒（すきへん）（らいすき）	耘		ウン	くさぎ（る） のぞ（く）
	耙		ハ	まぐわ
	耜	耜	シ	すき
	耡		ジョ ソ	す（く） たがや（す） すき
	耦		グウ	たぐい つれあい むきあ（う） なら（ぶ）
	耨		ドウ	くわ す（く） くさぎ（る）
耳（みみ）（みみへん）	耿		コウ	あき（らか） ひか（る） ひかり

部首	標準字体	許容字体	音読み	訓読み
耳	聊☆		リョウ	みみな（り） たよ（る） たの（しむ） いささ（か）
	聆		リョウ レイ	き（く） さと（る）
	聒		カツ	かまびす（しい） おろ（か）
	聘☆		ヘイ	と（う） おとず（れる） まね（く） め（す） めと（る）
	聚☆		シュウ ジュ	あつ（まる） あつ（める） なかま たくわ（え） むらざと
	聟	壻 （婿の旧字体）の異体字		
	聢●			しか（と）

部首	標準字体	許容字体	音読み	訓読み
耳	聳☆		ショウ	おそ（れる） つつし（む） そび（える） そばだ（つ） そび（やかす） すす（める）
	聶		ショウ ジョウ	ささや（く）
聿（ふでづくり）	聿		イチ イツ	ふで の（べる） おさ（める） すばや（い）
	肄		イ	なら（う） ひこばえ
	肆		シ	ほしいまま つら（ねる） なら（べる） みせ
肉（にく） 月（にくづき）	肛☆		コウ	しりのあな は（れる）
	肓	肓	コウ	むなもと
	肚		ト	はら いぶくろ

部首	月肉								
標準字体	肭	肬	胛	胥	胙	胝	胄	胖	胚☆
許容字体									
音読み	ドツ	ユウ	コウ	ショ ソ	ソ	チ	チュウ	ハン	ハイ
訓読み		いぼ は(れる)	かいがらぼね	しおから たが(いに) みな こやくにん	ひもろぎ そなえもの	たこ まめ あかぎれ	よつぎ ちすじ	ゆた(か) ふと(る)	はら(む) はじ(め) きざ(し)

部首	月肉								
標準字体	胯	胱☆	脛☆	脩	脣	脯	腋☆	腆	脾☆
許容字体									脾
音読み	コ	コウ	ケイ	シュウ	シン	フ ホ	エキ	テン	ヒ
訓読み	また また(ぐ) また(がる)	ゆばりぶくろ	すね はぎ	ほじし おさ(める) なが(い)	くちびる	ほじし	わき わきのした	あつ(い) てあつ(い) おお(いに)	ひぞう もも

部首	月肉								
標準字体	腓	腑☆	胼	腱☆	腮	腥	腴	腠	膃
許容字体			腁				腴		
音読み	ヒ	フ	ヘン	ケン	サイ	ショウ セイ	ユ	ソウ	オツ
訓読み	こむら ふくらはぎ	はらわた こころ	たこ まめ あかぎれ	すじ	あご あぎと えら	なまぐさ(い) みにく(い) けが(らわしい)	こ(える) あぶら ゆた(か)	はだ	

部首	標準字体	許容字体	音読み	訓読み
月肉	膈		カク	
月肉	膊		ハク	ほじし うで
月肉	膀☆		ホウ ボウ	ゆばりぶくろ
月肉	膂		リョ ロ	せぼね ちから
月肉	膠☆		コウ	にかわ にかわ(する) つ(く) かた(い) あや(まる) みだ(れる)
月肉	膣☆	腟	チツ	
月肉	膩		ジ ニ	あぶら あか あぶらあか なめ(らか)
月肉	膰		ハン	ひもろぎ

部首	標準字体	許容字体	音読み	訓読み
月肉	膵●☆		スイ	
月肉	膾		カイ	なます なます(にする)
月肉	臀☆		デン	しり そこ
月肉	臂☆		ヒ	うで ひじ
月肉	膺		オウ ヨウ	むね う(ける) ひきう(ける) う(つ)
月肉	臉		ケン	ほお かお
月肉	臍☆		サイ セイ	へそ ほぞ
月肉	臑		ジ ジュ ドウ	やわ(らか) に(る) すね
月肉	臘☆		ロウ	く(れ)

部首	標準字体	許容字体	音読み	訓読み
月肉	臙		エン	のど べに
月肉	臚		リョ ロ	はだ なら(べる) つた(える)
月肉	臠		レン	きりみ きりにく みそなわ(す)
臣(しん)	臧		ゾウ ソウ	よ(い) おさ(める) かく(す) まいない しもべ
自(みずから)				
至(いたる)	臻		シン	いた(る) きた(る) おお(い)
臼(うす)	臾	臾	ユ ヨウ	ひきと(める) しばら(く) わず(か) すす(める)
臼(うす)	舁	舁	ヨ	か(く) かつ(ぐ)

部首	標準字体	許容字体	音読み	訓読み
臼	舂		ショウ	うすづ(く) つ(く)
臼	舅☆		キュウ	しゅうと おじ
舌(した)	舐☆		シ	な(める) ねぶ(る)
舌(した)	舒		ショ ジョ	の(べる) の(ばす) ゆる(やか)
舛(まいあし)				
舟(ふね)(ふねへん)	舫		ホウ	ふね もやいぶね もや(う)
舟(ふね)(ふねへん)	舸		カ	ふね おおぶね
舟(ふね)(ふねへん)	舳		ジク チク	へさき とも かじ
舟(ふね)(ふねへん)	艀		フ ブ フウ	こぶね はしけ

部首	標準字体	許容字体	音読み	訓読み
舟	艙		ソウ	ふなぐら
舟	艘☆	艘	ソウ	ふね
舟	艚		ソウ ゾウ	こぶね
舟	艝●			そり
舟	艟		トウ ドウ	いくさぶね
舟	艤		ギ	ふなよそお(い)
舟	艢		ショウ	ほばしら
舟	艨		ボウ モウ	いくさぶね
舟	艪		ロ	かい

部首	標準字体	許容字体	音読み	訓読み
舟	艫		ロ	とも へさき
艮(ねづくり)(こんづくり)	艱		カン	なや(む) くる(しむ) かた(い) むずか(しい) けわ(しい) なや(み)
色(いろ)				
艸 艹 艹(くさかんむり)(そうこう)	艸		ソウ	くさ
艸 艹 艹(くさかんむり)(そうこう)	艾		ガイ	よもぎ もぐさ としよ(り) か(る) おさ(める)
艸 艹 艹(くさかんむり)(そうこう)	芍	芍	シャク	
艸 艹 艹(くさかんむり)(そうこう)	芒☆	芒	ボウ	のぎ けさき きっさき すすき かす(か) くら(い) つか(れる)

部首	標準字体	許容字体	音読み	訓読み
艹 艹 艸	芸		ウン	かおりぐさ くさぎ(る)
	芫		ゲン	さつまふじ ふじもどき
	芟		サン セン	か(る) とりのぞ(く)
	芻☆	蒭	シュ ス スウ	か(る) くさか(り) まぐさ わら
	芬		フン	かお(る) かお(り) こうば(しい) おお(い)
	苆●			すさ
	苡		イ シ	
	苣	苣	キョ	たいまつ ちさ ちしゃ
	苟		コウ	いやしく(も) かりそめ まこと(に)

部首	標準字体	許容字体	音読み	訓読み
艹 艹 艸	苴		ショ サ	つと あさ くろ(い) おぎな(う) ちり
	苳	苳	トウ	ふき
	范		ハン	いがた かた のり
	苻		フ	あまかわ さや
	苹		ヒョウ ヘイ	うきくさ よもぎ
	苞☆		ホウ	つつ(む) つつ(み) つと みやげもの ねもと
	茆		ボウ	ぬなわ じゅんさい かや

部首	標準字体	許容字体	音読み	訓読み
艹 艹 艸	苜		モク ボク	
	茉		バツ マツ	
	苙		リュウ	よろいぐさ
	苺	莓	バイ マイ	いちご こけ
	茵		イン	しとね しきもの
	茴		ウイ カイ	
	茱		シュ	
	茲		シ ジ	しげ(る) ま(す) ますます ここ ここ(に) とし

部首 艹 艹 艸

標準字体	許容字体	音読み	訓読み
荀		シュン ジュン	
茹		ジョ ニョ	く(う) くさ(る) な ゆ(でる) う(だる)
荐		セン ゼン	かさ(ねる) あつ(まる) しき(りに) しばしば
荅		トウ	あずき こた(える)
茯		フク ブク	
茫☆	*	ボウ モウ	とお(い) ひろ(い) はる(か)
茗		メイ ミョウ	ちゃ ちゃのめ よ(う)
茘		リ レイ	おおにら

部首 艹 艹 艸

標準字体	許容字体	音読み	訓読み
莅		リ	のぞ(む) ゆ(く) おこな(う)
莚		エン	の(びる) はびこ(る) むしろ
莪		ガ	つのよもぎ きつねあざみ
莟		ガン	つぼみ はなしべ
莢☆		キョウ	さや
茣		ゴ	
莎		サ	はますげ
荼☆		ト タ ダ	にがな くる(しみ)
荳		トウ ズ	まめ

部首 艹 艹 艸

標準字体	許容字体	音読み	訓読み
荵	荵	ジン ニン	しのぶ しのぶぐさ
莠		ユウ	はぐさ えのころぐさ わるいもの みにく(い)
莉		リ レイ	
莨		ロウ	ちからぐさ まぐさ たばこ
菴		アン	いおり
萁		キ	まめがら
菫		キン	すみれ とりかぶと
菎		コン	
菽		シュク	まめ

部首：艹 艹 艸

標準字体	許容字体	音読み	訓読み
萃		スイ	くさむら あつ（まる） あつ（める） やつ（れる）
菘		シュウ スウ	すずな とうな つけな
菁	菁	ショウ セイ	かぶ かぶら かぶらな
菠		ハ ホウ	
菲		ヒ	うす（い） つ（まらない） かんば（しい）
莽	莾	モウ ボウ	くさぶか（い） くさむら おお（きい） ひろ（い） あら（い）
萍		ビョウ ヘイ	うきくさ よもぎ
萢●	萢		やち やつ

部首：艹 艹 艸

標準字体	許容字体	音読み	訓読み
萸	萸	ユ	
葭		カ	あし よし あしぶえ
萼☆		ガク	うてな はなぶさ
葷		クン	くさ（い） なまぐさ
葩		ハ	はな はなびら
葆		ホ ホウ	しげ（る） たも（つ） つつ（む） たから はねかざ（り）
葯	葯	ヤク	よろいぐさ
萵		カ ワ	

部首：艹 艹 艸

標準字体	許容字体	音読み	訓読み
蒹		ケン	おぎ
蒿		コウ	よもぎ
蒟		コン ク	
蓍		シ	めどはぎ めどぎ
蒻		ジャク ニャク	がまのめ むしろ
蓁		シン	しげ（み） おお（い）
蓐		ジョク	しとね しきもの
蓆		セキ	むしろ
蓖		ヒ	

部首	標準字体	許容字体	音読み	訓読み
艹 艹 艸	蒡		ホウ ボウ	
	蓙●			ござ
	蔡		サイ サツ	くさむら あくた
	蓿		シュク	
	蓴	蓴	シュン ジュン	ぬなわ じゅんさい
	蔗		シャ ショ	さとうきび うま(い) おもしろ(い)
	蔘		シン サン	にんじん ちょうせん にんじん
	蔬	蔬	ソ ショ	な あおもの あら(い) こめつぶ
	蔟		ソク ゾク ソウ	まぶし あつ(まる) むら(がる)

部首	標準字体	許容字体	音読み	訓読み
艹 艹 艸	蔕	蒂	タイ テイ	へた うてな とげ ねもと
	蔔		フク	だいこん
	蓼☆		リョウ リク	たで
	蕀		キョク	
	蕣	*2	シュン	むくげ あさがお
	蕘		ジョウ	しば たきぎ きこり くさか(り)
	蕈	蕈	シン ジン	きのこ たけ くわたけ
	蕁		ジン タン	はなすげ いらくさ もずく

*2 本書270頁 B-(1)参照。

部首	標準字体	許容字体	音読み	訓読み
艹 艹 艸	蕕		ユウ	かりがねそう くさ(み)
	薀		ウン オン	つ(む) たくわ(える)
	薤		カイ	にら おおにら らっきょう
	薈		ワイ	しげ(る) くさむら
	薑		キョウ	はじかみ しょうが
	薊		ケイ	あざみ
	薨☆		コウ	みまか(る) し(ぬ)
	蕭☆		ショウ	よもぎ ものさび(しい) しず(か)
	薏		ヨク	

部首	艹 艹 艸								
標準字体	薔☆	薛	薇☆	臈☆	薜	蕾☆	薐	蕷	薺
許容字体			*	臈*					
音読み	ショウ ソウ ショク	セツ	ビ	ロウ	ハク ヘイ	ライ	ロウ レン	ヨ	ザイ セイ
訓読み	みずたで ばら	かわらよもぎ はますげ	のえんどう ぜんまい	く(れ)	かずら まさきのかずら	つぼみ つぼ(む)		やまのいも じねんじょ	なずな はまびし

部首	艹 艹 艸						
標準字体	藉	藐	薹	藕	藜	藹	蘊
許容字体						藹	
音読み	シャ セキ	ビョウ ミョウ バク	タイ ダイ	グウ	レイ	アイ	ウン
訓読み	むしろ し(く) か(りる) か(す) よ(る) かこつ(ける) ふ(む)	ちい(さい) さげす(む) とお(い) はる(か) うつく(しい)	はますげ あぶらな とう	はす はすね	あかざ	さか(ん) おお(い) おだ(やか)	つ(む) たくわ(える)

部首	艹 艹 艸							虍（とらがしら）（とらかんむり）	
標準字体	蘋	藾	藺	蘆☆	蘢	蘚	蘿	虔☆	虒
許容字体				芦★(*)					
音読み	ヒン	ライ	リン	ロ	ロウ	セン	ラ	ケン	シ チ
訓読み	かたばみも うきくさ	くさよもぎ	い いぐさ	あし よし	いぬたで おおけたで	こけ	つた つたかずら つのよもぎ	つつし(む) ころ(す) うば(う)	つのとら

部首	標準字体	許容字体	音読み	訓読み
虍	虧		キ	か(ける) か(く)
虫(むし)(むしへん)	蚓		イン	みみず
	蚣		コウ ショウ	
	蚩		シ	あなど(る) おろ(か) みにく(い) みだ(れる)
	蚪		ト トウ	
	蚌	蚌	ホウ ボウ	どぶがい からすがい はまぐり
	蚶		カン	あかがい
	蚯		キュウ	
	蛄		コ	

部首	標準字体	許容字体	音読み	訓読み
虫	蛆		ショ ソ	うじ
	蚰		ユウ	
	蛉☆		レイ	
	蚫●		ホウ	あわび
	蛔		カイ	はらのむし
	蛞		カツ	おたまじゃくし
	蛩	蛩	キョウ	こおろぎ
	蛬		キョウ	きりぎりす こおろぎ
	蛟		コウ	みずち

部首	標準字体	許容字体	音読み	訓読み
虫	蛯●			えび
	蜒		エン	
	蜆		ケン	しじみ みのむし
	蜈		ゴ	
	蜀☆		ショク	いもむし あおむし とうまる
	蜃☆		シン ジン	おおはまぐり みずち
	蛻		セイ ゼイ	ぬけがら もぬけ もぬけ(る)
	蜑		タン	えびす あま
	蜉		フ	

部首	標準字体	許容字体	音読み	訓読み
虫	蜓		テイ	
虫	蜍		シ、ジョ	
虫	蛹		ヨウ	さなぎ
虫	蜊		リ	あさり
虫	蜴		エキ	
虫	蜿		エン	
虫	蜷		ケン	にな
虫	蜻☆	蜻	セイ	
虫	蚋	蚋	ゼイ	ぶゆ、ぶよ、ぶと

部首	標準字体	許容字体	音読み	訓読み
虫	蜥		セキ	
虫	蜩	蜩	チョウ	せみ、ひぐらし
虫	蜚		ヒ	あぶらむし、ごきぶり、と(ぶ)
虫	蝠		フク	
虫	蝟		イ	はりねずみ、むらが(る)
虫	蝸☆		カ、ラ	かたつむり、にな、にし
虫	蝌		カ	
虫	蝎	蝎	カツ	きくいむし、すくもむし、さそり
虫	蝴		コ	

部首	標準字体	許容字体	音読み	訓読み
虫	蝗		コウ	いなご
虫	蝨	虱	シツ	しらみ
虫	蝮		フク	まむし
虫	蝘		エン	なつぜみ
虫	蝙	蝙	ヘン	
虫	蝓	蝓	ユ	
虫	蝣		ユウ	
虫	蝲		ラツ	さそり
虫	螈		ゲン	なつご

部首	標準字体	許容字体	音読み	訓読み
虫	螗		トウ	なつぜみ
虫	螟		ミョウ、メイ	ずいむし
虫	螂	蜋	ロウ	
虫	螯		ゴウ	はさみ
虫	蟋		シツ	
虫	螽	螽	シュウ	いなご、はたおりむし、きりぎりす
虫	蟀		シュツ	
虫	螫		セキ	さ(す)、どく
虫	蟄		チツ、チュウ	かく(れる)、とじこ(もる)

部首	標準字体	許容字体	音読み	訓読み
虫	螳		トウ	
虫	蟇☆	蟆	バ、マ、バク	がま、ひきがえる
虫	螻		ル、ロウ	けら、おけら
虫	螾		イン	みみず
虫	蟎●			だに
虫	蟯		ギョウ、ジョウ	
虫	蟪	蟪	ケイ	
虫	蟠		バン、ハン	わだかま(る)、うずくま(る)、ま(がる)、めぐ(る)
虫	蟒	蟒	ボウ、モウ	うわばみ、おろち

部首	標準字体	許容字体	音読み	訓読み
虫	蠍	蠍	カツ、ケツ	さそり
虫	蠆		タイ	さそり
虫	蠊		レン	あぶらむし、ごきぶり
虫	蟾		セン	ひきがえる、つき、みずさし
虫	蟶		テイ	まて、まてがい
虫	蟷		トウ	
虫	蠑		エイ	
虫	蠖		カク、ワク	しりぞ(く)
虫	蠕		ゼン、ジュ	うご(く)、うごめ(く)、は(う)

部首	標準字体	許容字体	音読み	訓読み
虫	蠢		シュン	うごめ(く) おろ(か)
	蠡		レイ ラ リ	にな ほらがい ひさご
	蠱		コ	そこ(なう) まどわ(す) まじな(い)
	蠹	蠹	ト	きくいむし しみ むしば(む) そこ(なう)
血(ち)	衄		ジク	はなぢ くじ(ける)
	衊	衊	ベツ	けが(す) はずかし(める) はなぢ
行(ぎょう)(ぎょうがまえ)(ゆきがまえ)	衍		エン	はびこ(る) あふ(れる) ひろ(がる) ひろ(い) おお(きい) し(く) あま(り)
	衒		ゲン	う(る) てら(う) ひけ(らかす)

部首	標準字体	許容字体	音読み	訓読み
行	衙☆		ガ	つかさ あつ(まる) まい(る)
	衢		ク	みち ちまた よつつじ わかれみち
衣(ころも) 衤(ころもへん)	衫		サン	ころも ひとえ はだぎ
	衾		キン	ふすま よぎ かけぶとん
	衮	衮	コン	
	衵		ジツ	なれぎぬ ふだんぎ あこめ
	衲		ドウ ノウ	つくろ(う) ころも そう
	袂☆		ベイ	たもと かたわ(ら) きわ
	袗		シン	ひとえ ぬいと(りする)

部首	標準字体	許容字体	音読み	訓読み
衣 衤	袒		タン	はだぬ(ぐ) かたぬ(ぐ)
	袙		ハ バツ	うちかけ あこめ
	袢☆		ハン バン	はだぎ
	袍		ホウ ボウ	わたいれ ぬのこ うわぎ
	袤		ボウ	ひろが(り) なが(さ)
	袰●			ほろ
	袵	衽	ジン ニン	おくみ えり しとね ねどこ
	袿		ケイ	うちかけ うちぎ
	袱		フク ホク	ふくさ ふろしき

部首	衤衣								
標準字体	袮●	裄●	裔☆	裎	裘	裙	裹	褂	裼
許容字体				裎					
音読み			エイ	チョウ テイ	キュウ	クン	カ	カイ	セキ テイ
訓読み	かみしも	ゆき	すそ すえ はて あとつぎ	はだか ひとえ	かわごろも	も もすそ はだぎ	つつ(む) つつ(み) まと(う) たから	うちかけ はだぎ	はだぬ(ぐ) かたぬ(ぐ)

部首	衤衣							
標準字体	裨	裴	裲	褄●	褌☆	褊	褓	褞
許容字体	裨					褊		
音読み	ヒ	ハイ	リョウ		コン	ヘン	ホ ホウ	ウン オン
訓読み	おぎな(う) たす(ける) たす(け) ちい(さい) いや(しい)	たちもとお(る)	うちかけ	つま	したばかま ふんどし みつ	せま(い) きみじか	むつき かいまき	うわぎ どてら

部首	衤衣							
標準字体	褥☆	褪	褫	襁	襄	褻	褶	褸
許容字体		褪						
音読み	ジョク	タイ トン	チ	キョウ	ショウ ジョウ	セツ	チョウ シュウ	ル ロウ
訓読み	しとね ふとん	あ(せる) さ(める)	うば(う) は(ぐ)	せおいおび むつき お(う)	のぼ(る) たか(い) はら(う) ゆず(る)	はだぎ ふだんぎ な(れる) けが(れる) けが(らわしい) あなど(る) け	あわせ かさ(ねる) ひだ	つづれ ぼろ

部首	衤衣								
標準字体	襌	襠	襞☆	襦☆	襤	襭	襪	襯	襴
許容字体	襌						襪		
音読み	タン	トウ	ヒャク ヘキ	ジュ	ラン	ケツ	バツ ベツ	シン	ラン
訓読み	ひとえ はだぎ	うちかけ まち	ひだ しわ	はだぎ どうぎ	つづれ ぼろ	つまばさ(む)	たび くつした	はだぎ	ひとえ

部首	衤衣	襾(おおいかんむり)	西(にし)	見(みる)					
標準字体	襷●☆	覃	覈	覓	覘	覡	覩	覦	覬
許容字体		覃	覈					覦	
音読み		タン	カク	ベキ	テン	ケキ ゲキ	ト	ユ	キ
訓読み	たすき	の(びる) ひ(く) およ(ぶ) ふか(い)	しら(べる) かんが(える) あき(らかにする) きび(しい)	もと(める)	うかが(う) のぞ(く) ぬすみ(みる)	みこ かんなぎ	み(る)	ねが(う) のぞ(む) こいねが(う)	のぞ(む) ねが(う) こいねが(う)

部首	見			角(かく)(つの)(つのへん)					言(げん)(ごんべん)
標準字体	覯	覲	覿	觚	觜	觝	觥	觴	訖
許容字体	覯	覲		觚					
音読み	コウ	キン	テキ	コ	シ スイ	テイ	コウ	ショウ	キツ
訓読み	あ(う) み(る) あ(わせる)	まみ(える) あ(う)	あ(う) み(る) しめ(す)	さかずき かど ふだ	けづの とろきぼし くちばし はし	ふ(れる) さわ(る) ぶつか(る)	つのさかずき	さかずき もてな(す)	お(わる) や(む) いた(る)

部首	標準字体	許容字体	音読み	訓読み
言	訐		ケツ	あば(く)
	訌		コウ	みだ(れる) も(める) うちわも(め)
	訛☆	＊	カ	なま(る) なまり いつわ(る) あやま(る)
	訝☆	＊2	ガ ゲン	いぶか(る) いぶか(しい)
	訥		トツ	ども(る) くちべた
	訶☆		カ	しか(る) せ(める)
	詁		コ	よ(む) よ(み) と(く) わけ
	詛		ショ ソ	のろ(う) のろ(い) ちか(う) ちか(い) そし(る) うら(む)

＊2 本書270頁 B-(1)参照。

部首	標準字体	許容字体	音読み	訓読み
言	詒		タイ イ	あざむ(く) おく(る) のこ(す)
	詆		テイ	そし(る) しか(る) し(いる) はずかし(める) あば(く) あ(てる)
	詈		リ	ののし(る)
	詼	詼	カイ	たわむ(れる) おど(ける) あざけ(る)
	詭		キ	いつわ(る) あざむ(く) あや(しい) そむ(く)
	詬		ク コウ	はずかし(める) はじ ののし(る) そし(る)
	詢		シュン ジュン	と(う) はか(る) まこと
	誅☆		チュ チュウ	う(つ) せ(める) ころ(す) のぞ(く) ほろ(ぼす)

部首	標準字体	許容字体	音読み	訓読み
言	誂		チョウ	あつら(える) あつら(え)
	誄		ルイ	しのびごと いのりごと
	誨		カイ	おし(える) おし(え)
	誡		カイ	いまし(める) いまし(め)
	誑		キョウ	あざむ(く) たぶら(かす) だま(す) たら(す)
	誥	誥	コウ	つ(げる) ふ(れ) みことのり
	誚		ショウ	せ(める) しか(る) そし(る)
	誦☆		ショウ ジュ	とな(える) よ(む) そら(んずる)
	誣		フ ブ	し(いる) あざむ(く) そし(る)

*2　本書270頁　B-(1)参照。

部首	標準字体	許容字体	音読み	訓読み
言	諄		シュン ジュン	あつ(い) まこと ねんご(ろ) くど(い)
	諍		ショウ ソウ	いさ(める) うった(える) あらそ(う) いさか(い)
	諂		テン	へつら(う) おもね(る) こ(びる)
	諚●		ジョウ	おきて おお(せ)
	諳		アン	そら(んじる) な(れる) さと(る)
	諤☆		ガク	
	諱☆	*2	キ	い(む) はばか(る) いみな
	謔☆		ギャク	たわむ(れる) ふざ(ける)
	諠		ケン	かまびす(しい) やかま(しい)

部首	標準字体	許容字体	音読み	訓読み
言	諢		コン ゴン	たわむ(れ) おど(け)
	諷☆		フウ	そら(んじる) ほの(めかす) あてこす(る)
	諞	諞	ヘン	へつら(う)
	諛	諛	ユ	へつら(う)
	謚	謚	シ	おくりな よびな
	謌	歌の異体字		
	謇		ケン	ども(る) ただ(しい) まっすぐ
	謖		シュク ショク	た(つ) おきあ(がる)
	謐		ヒツ ビツ	しず(か) やす(らか)

部首	標準字体	許容字体	音読み	訓読み
言	謗☆		ホウ ボウ	そし(る) そし(り) うら(む)
	謳☆		オウ	うた(う) うた
	鞫		キク	ただ(す) しら(べる) きわ(める) きわ(まる)
	謦		ケイ	しわぶき せきばら(い)
	謫		タク チャク	つみ(する) なが(す) せ(める) とが
	謾		バン マン	あざむ(く) あなど(る) おこた(る)
	謨		ボ モ	はか(る) はかりごと
	譁	譁	カ	かまびす(しい) やかま(しい)
	譌		カ	なま(る) なまり いつわ(る) あやま(る)

部首	標準字体	許容字体	音読み	訓読み
言	譏		キ	そし（る） せ（める）
	譎		キツ ケツ	いつわ（る） いつわ（り） あや（しい） とおまわ（し）
	譖	譛	シン セン	そし（る） うった（える） いつわ（る）
	譚☆	＊	タン ダン	はなし ものがたり
	譫		セン	たわごと うわごと
	譟		ソウ	さわ（ぐ） さわ（がしい）
	譬		ヒ	たと（え） たと（える） さと（す）
	譴	譴	ケン	とが（める） せ（める） とが（め）
	讌		エン	さかも（り） くつろ（ぐ）

部首	標準字体	許容字体	音読み	訓読み
言	讐☆	讎	シュウ	あだ むく（いる） くらべただ（す）
	讒		サン ザン	そし（る） つげぐち へつら（う） よこしま
	讖		シン	しるし
	讙		カン	かまびす（しい） やかま（しい） よろこ（ぶ）
谷（たに）（たにへん）	谺	＊2	カ	こだま やまびこ
	豁	豁	カツ	ひら（ける） ひろ（い） むな（しい）
	谿		ケイ	たに たにがわ
豆（まめ）（まめへん）	豈		ガイ キ	たの（しむ） やわ（らぐ） あに
	豌		エン	

＊2 本書270頁 B－(1)参照。

部首	標準字体	許容字体	音読み	訓読み
豕（ぶた）（いのこ）	豕		シ	い いのこ ぶた
	豢		カン	やしな（う） か（う）
豸（むじなへん）	豺		サイ	やまいぬ
	貂		チョウ	てん
	貉		カク	むじな
	貊		バク	えびす
	貎		ゲイ	しし
	貘		バク	
貝（かい）（こがい）（かいへん）	貽		イ	おく（る） のこ（す）

部首	標準字体	許容字体	音読み	訓読み
貝	貲		シ	あがな(う) たから みのしろ
貝	貶		ヘン	お(とす) しりぞ(ける) そし(る) おとし(める) けな(す) さげす(む) へ(らす)
貝	賈		コ カ	あきな(う) あきな(い) う(る) か(う) あたい
貝	賁	賁	ヒ フン ホン	かざ(る) かざ(り) あや つわもの
貝	賚		ライ	たま(う) たまもの
貝	賽☆		サイ	おれいまつ(り) さいころ
貝	賺		タン レン	すか(す) だま(す)

部首	標準字体	許容字体	音読み	訓読み
貝	賻		フ	おく(る) おくりもの
貝	贄☆		シ	にえ てみやげ
貝	贅☆		セイ ゼイ	いぼ こぶ むだ よけい(な) いりむこ
貝	贇		イン	
貝	贏	贏	エイ	もう(ける) あま(る) の(びる) つつ(む) にな(う) か(つ)
貝	贍		セン ゼン	た(す) た(りる) すく(う) めぐ(む)
貝	贐		シン ジン	おくりもの はなむけ

部首	標準字体	許容字体	音読み	訓読み
貝	贓		ソウ ゾウ	かく(す)
貝	贔		ヒ ヒイ	
貝	贖		ショク	あがな(う) あがな(い)
赤(あか)	赧		タン ダン	あから(める) は(じる)
赤(あか)	赭		シャ	あかつち あか あか(い) はげやま
赤(あか)	赬		テイ	あか あかいろ
走(はしる)(そうにょう)	赳		キュウ	たけ(し)
走(はしる)(そうにょう)	趁		チン	ゆきなや(む) お(う) のりこ(む) おもむ(く)
走(はしる)(そうにょう)	趙☆		チョウ	こ(える) およ(ぶ)

1 級

字体の違いとデザイン

旧字体

国字

部首：足（あし）（あしへん）

標準字体	許容字体	音読み	訓読み
跂		キ ギ	つまだ(てる) は(う)
趾☆		シ	あし あと ねもと
趺		フ	あし うてな あぐら
跎		タ ダ	つまず(く)
跏☆		カ	あぐら
跚	跚 跚	サン	
跖		セキ	あしのうら ふ(む)
跌		テツ	つまず(く) こ(える) あやま(つ)
跛		ハ ヒ	かたよ(る)

部首：足

標準字体	許容字体	音読み	訓読み
跋☆		ハツ バツ	ふ(む) こ(える) つまず(く) おくがき
跪		キ	ひざまず(く)
跫	跫	キョウ	あしおと
跟		コン	くびす かかと したが(う) つ(ける)
跣		セン	はだし すあし
跼		キョク	かが(む) せぐくま(る)
踉		リョウ ロウ	おど(る)
跿		ト	はだし すあし
踝		カ	くるぶし かかと くびす

部首：足

標準字体	許容字体	音読み	訓読み
踑		キ	あぐら
踞		キョ コ	うずくま(る) おご(る)
踟		チ	たちもとお(る) ためら(う)
蹂		ジュウ	ふ(む) ふみにじ(る)
踵☆		ショウ	かかと くびす きびす つ(ぐ) ふ(む) いた(る)
踰	踰	ユ	こ(える) こ(す)
踴	踴	ヨウ	おど(る) おど(り)
蹊☆		ケイ	こみち みち

部首	足						
標準字体	蹇	蹉	蹌	蹐	蹈	蹙	蹤
許容字体							
音読み	ケン	サ	ショウ ソウ	シャク セキ	トウ ドウ	シュク セキ	ショウ
訓読み	なえ(ぐ) なや(む) と(まる) おご(る) かたくな ま(がる)	つまず(く) あやま(る)	うご(く) よろめ(く) はし(る)	ぬきあし さしあし	ふ(む) あしぶみ(する)	せま(る) しか(める) きわ(まる) くる(しむ) つつし(む) け(る)	あと あしあと したが(う) ゆくえ

部首	足							
標準字体	蹠	蹣	蹕	蹻	蹶	蹲	蹼	躁☆
許容字体			蹕					
音読み	セキ	ハン バン マン	ヒツ	キョウ キャク キョク	ケツ ケイ	ソン シュン	ホク ボク	ソウ
訓読み	あしのうら ふ(む)	よろめ(く)	さきばらい	あ(げる) おご(る) かんじき	つまず(く) お(きる) た(つ) たお(れる) すみ(やか)	うずくま(る) つくば(う) つくば(い)	みずかき	さわ(ぐ) さわ(がしい) うご(く) あわただ(しい) あらあら(しい)

部首	足							
標準字体	躅	躇☆	躄	躋	躊☆	躑	躓	躔
許容字体			躃					
音読み	チョク	チョ チャク	ヘキ	サイ セイ	チュウ	テキ	チ	テン
訓読み	ふ(む)	ふ(む) ためら(う) たちもとお(る) こ(える) わた(る)	いざ(る)	のぼ(る) のぼ(らせる)	ためら(う) たちもとお(る)	ためら(う) たちもとお(る)	つまず(く) しくじ(る) くじ(ける) くる(しむ)	めぐ(る) ふ(む) まつ(わる) から(まる)

部首	標準字体	許容字体	音読み	訓読み
足	躡		ジョウ	ふ(む)、は(く)、お(う)、のぼ(る)
足	躪	躙	リン	にじ(る)、ふみにじ(る)
身（み）（みへん）	躬☆		キュウ	み、みずか(ら)
身	躮●			せがれ
身	躱		タ	かわ(す)、さ(ける)
身	躾●			しつけ
身	軈●			やが(て)
車（くるま）（くるまへん）	軋☆		アツ	きし(る)、きし(む)、くわ(しい)、こま(かい)
車	軛		アク、ヤク	くびき
車	軼		イツ	す(ぎる)、すぐ(れる)、う(せる)、も(れる)
車	軫		シン	いた(む)、うれ(える)
車	軻		カ	
車	軾		ショク	しきみ、よこぎ
車	輊		チ	ひく(い)、おも(い)
車	輅		ロ	くるま、みくるま
車	輀	轜	ジ	ひつぎぐるま
車	輒	輙	チョウ	すなわ(ち)、たちま(ち)
車	輓	輓	バン	ひ(く)、いた(む)、おそ(い)、ちか(い)
車	輜		シ	ほろぐるま、にぐるま
車	輟		テツ	つづ(る)、や(める)、とど(める)
車	輛	輌	リョウ	くるま
車	輦		レン	てぐるま、みくるま、こし
車	輳		ソウ	あつ(まる)
車	輻		フク	や
車	輹		フク	とこしばり、よこがみしばり
車	轅		エン	ながえ
車	轂		コク	こしき、くるま、あつ(める)、しめくく(る)、お(す)

部首	車							辛（からい）
標準字体	輾	轆	轌●	轎	轗	轢☆	轤	辜
許容字体								
音読み	テン デン ネン	ロク		キョウ	カン	レキ	ロ	コ
訓読み	めぐ（る） ころ（がる） ひきうす		そり	かご やまかご くるま		ひ（く） ふみにじ（る） きし（る）		つみ とが はりつけ そむ（く） ひとりじ（め）

部首	辛	辰（しんのたつ）	辵 辶 辶（しんにょう）（しんにゅう）				
標準字体	辟		辷●	迚●	迥	迢	迪
許容字体			辷	迚	迥	迢	迪
音読み	ヘキ ヒ				ケイ	チョウ	テキ
訓読み	きみ め（す） さ（ける） かたよ（る） よこしま ひら（く）		すべ（る）	とて（も） とて	はる（か） とお（い）	はる（か） とお（い）	みち みちび（く） ふ（む） すす（む）

部首	辵 辶 辶								
標準字体	廻	逅	迹	逕	逡	逑	逍☆	逞☆	逖
許容字体	廻	逅	迹	逕	逡	逑	逍	逞＊	逖
音読み	カイ	コウ	セキ シャク	ケイ	シュン	キュウ	ショウ	テイ	テキ
訓読み	めぐ（る） まわ（る） さ（ける）	あ（う）	あと あとかた おこな（い）	こみち みち ただ（ちに）	ためら（う） しさ（る） しりぞ（く）	あつ（める） あ（う） つれあい	さまよ（う）	たくま（しい） たくま（しくする） こころよ（い）	とお（い） はる（か）

部首	標準字体	許容字体	音読み	訓読み
辶 辶 辵	逋	逋	ホ フ	に(げる) のが(れる) かく(れる) おいめ
辶 辶 辵	逧●	逧		さこ
辶 辶 辵	迸	迸 迸	ホウ ヘイ	はし(る) ほとばし(る) たばし(る)
辶 辶 辵	逵	逵	キ	おおじ おおどおり
辶 辶 辵	遏	遏	アツ	と(める) とど(める) た(つ) さえぎ(る)
辶 辶 辵	遐	遐	カ	とお(い) はる(か)
辶 辶 辵	遑	遑	コウ	あわただ(しい) あわ(てる) いとま ひま

部首	標準字体	許容字体	音読み	訓読み
辶 辶 辵	遒	遒 遒	シュウ	せま(る) つよ(い) ちからづよ(い)
辶 辶 辵	遉	遉	テイ	うかが(う) さぐ(る) さすが さすが(に)
辶 辶 辵	逾	逾	ユ	こ(える) こ(す) いよいよ
辶 辶 辵	遖●	遖		あっぱれ
辶 辶 辵	遘	遘	コウ	あ(う) であ(う)
辶 辶 辵	遨	遨	ゴウ	あそ(ぶ)
辶 辶 辵	遯	遯	トン ドン	のが(れる) に(げる) かく(れる)
辶 辶 辵	遶	遶	ジョウ ニョウ	めぐ(る) めぐ(らす)

部首	標準字体	許容字体	音読み	訓読み
辶 辶 辵	邂	邂	カイ	あ(う) めぐりあ(う)
辶 辶 辵	遽☆	遽	キョ	にわ(か) すみ(やか) あわただ(しい) あわ(てる) おそ(れる) せま(る)
辶 辶 辵	邁☆	邁	バイ マイ	ゆ(く) す(ぎる) すぐ(れる) つと(める)
辶 辶 辵	邀	邀	ヨウ	むか(える) もと(める)
辶 辶 辵	邃	邃	スイ	ふか(い) おくぶか(い) とお(い)
辶 辶 辵	邇☆	邇	ニ ジ	ちか(い)
辶 辶 辵	邏	邏	ラ	めぐ(る) みまわ(る) みまわ(り)
阝邑(おおざと)	邨		ソン	むら

部首	標準字体	許容字体	音読み	訓読み
阝邑	邯		カン	
	邱☆		キュウ	おか
	邵		ショウ	
	郢	郢	エイ	
	郤		ケキ ゲキ	ひま すきま なかたが(い)
	郛		フ	くるわ
	鄂		ガク	
	鄒		シュ スウ	
	鄙☆		ヒ	ひな ひな(びる) いや(しい) いや(しむ)

部首	標準字体	許容字体	音読み	訓読み
阝邑	鄲		タン	
酉(ひよみのとり)(こよみのとり)(とりへん)	酊		テイ	よ(う)
	酖		タン チン	ふけ(る)
	酣		カン	たの(しむ) たけなわ
	酥		ソ	ちちしる
	酩		メイ	よ(う)
	酳		イン	すす(ぐ) すす(める) すす(る) あま(り)
	酲	酲	テイ	よ(う) あ(きる) わるよ(い)
	醋		サク ソ	す

部首	標準字体	許容字体	音読み	訓読み
酉	醂		リン	さわ(す) あわ(す) さわしがき たるがき
	醢		カイ	ひしお ししびしお しおから
	醯	醯	ケイ	す すづけ しおから
	醪		ロウ	にごりざけ どぶろく もろみ
	醵		キョ	あつ(める) つの(る)
	醴		ライ レイ	あまざけ あま(い)
	醺		クン	よ(う) ほろよ(い)
	釁	釁	キン	ぬ(る) ちぬ(る) すきま なかたが(い) きず きざ(し)

部首	標準字体	許容字体	音読み	訓読み
釆（のごめ）（のごめへん）	釉☆		ユウ	つや、ひかり、うわぐすり
里（さと）（さとへん）	釐		リ	おさ（める）、あらた（める）、たま（う）、やもめ、わず（か）
金（かね）（かねへん）	釵		サ、サイ	かんざし
	鈞		キン	ひと（しい）、はか（る）、ろくろ
	釿		キン、ギン	おの、ておの、き（る）、た（つ）
	鈔☆		ショウ、ソウ	かす（める）、うつ（す）、うつ（し）、さつ
	鈕		ジュウ、チュウ	つまみ、とって、ボタン
	鈑		ハン、バン	いたがね

部首	標準字体	許容字体	音読み	訓読み
金	鉞		エツ	まさかり
	鉅	鉅	キョ	おお（きい）、おお（い）、とうと（い）
	鉗☆		ケン、カン	くびかせ、はさ（む）、と（じる）、かなばさみ
	鉉		ケン、ゲン	つる、とって
	鉈		シャ、タ	ほこ、なた
	鈿		デン、テン	かんざし、かざ（り）
	鉋		ホウ	かんな
	銕		テツ	くろがね
	銜		カン、ガン	くつわ、ふく（む）、くわ（える）、くらい

部首	標準字体	許容字体	音読み	訓読み
金	銖		シュ、ジュ	わず（か）、かる（い）、にぶ（い）
	銓		セン	はかり、はか（る）、しら（べる）、えら（ぶ）
	銛		セン	すき、もり、するど（い）
	鋏☆		キョウ	はさみ、かなばさみ、つるぎ、つか、はさ（む）
	銹		シュウ	さび、さ（びる）
	銷		ショウ	と（かす）、と（ける）、つ（くす）、つ（きる）、け（す）、そこ（なう）、ち（る）
	鋩	鋩	ボウ、モウ	きっさき

部首	標準字体	許容字体	音読み	訓読み
金	錏		ア	しころ
	鋺		エン	はかりざら かなまり まり
	錙		シ	わず(か)
	錚		ソウ	かね どら
	錣		テツ	しころ
	錺●			かざり
	錵●			にえ
	錻●		ブ	ブリキ
	鍠		コウ	まさかり おの

部首	標準字体	許容字体	音読み	訓読み
金	鍼☆		シン	はり さ(す)
	鍮	鍮	チュウ トウ	
	鎰		イツ	かぎ
	鎬		コウ	なべ しのぎ
	鎹●	鎹		かすがい
	𨨞●	𨨞		さかほこ
	鎺●	鎺		はばき
	鏖		オウ	みなごろし
	鏗		コウ	つ(く) う(つ)

部首	標準字体	許容字体	音読み	訓読み
金	鏨		サン ザン	たがね え(る) ほ(る)
	鏘		ショウ ソウ	
	鏃		ソク ゾク	やじり するど(い)
	鏝		バン マン	こて
	鏐		リュウ リョウ	こがね しろがね
	鏈	鏈	レン	くさり
	鏤		ロウ ル	え(る) きざ(む) ちりば(める) かざ(る)
	鐚		ア	しころ びた
	鐔	鐔	タン シン	つば

部首	標準字体	許容字体	音読み	訓読み
金	鐓		タイ	つち いしづき
	鐃		ドウ ニョウ	どら
	鐐		リョウ	しろがね ひらがね あしかせ
	鐶		カン	たまき わ かなわ
	鐫		セン	え(る) ほ(る) うが(つ) しりぞ(ける) いまし(める)
	鐺		トウ ソウ	くさり あしがなえ こじり こて
	鑒	鑑の異体字		
	鑠		シャク	と(かす) と(ける) うつく(しい)

部首	標準字体	許容字体	音読み	訓読み
金	鑢		リョ ロ	やすり す(る)
	鑞		ロウ	すず
	鑪		ロ	いろり さかば ふいご
	鑰		ヤク	かぎ と(じる)
	鑵	鑵 (缶の旧字体)の異体字		
	鑷		ジョウ セツ	けぬき ぬ(く)
	鑽	鑽	サン	たがね きり のみ き(る) うが(つ) きわ(める)
	鑼		ラ	どら

部首	標準字体	許容字体	音読み	訓読み
金	鑾		ラン	すず
	钁		カク	くわ
	鑿		サク	のみ うが(つ)
長(ながい)				
門(もん)(もんがまえ)	閂		サン	かんぬき
	閊●			つか(える)
	閔		ビン ミン	あわ(れむ) お(しむ) うれ(える) つと(める)
	閘		オウ コウ	ひのくち
	閨☆		ケイ	ねや こもん

部首	門								
標準字体	閧	閭	閼	閻☆	閹	閾☆	闊☆	闃	闍☆
許容字体			閼				濶		
音読み	コウ	リョ ロ	アツ エン ア	エン	エン	イキ ヨク	カツ	ゲキ	ト ジャ
訓読み	ちまた	ちまた さと むらざと	ふさ(ぐ) さえぎ(る)	みめうるわ(しい)	しもべ めしつかい こびへつら(う)	しきい くぎ(る)	ひろ(い) うと(い)	しず(か)	うてな ものみ まち

部首	門							阜 阝(こざとへん)	
標準字体	闌	闕	闔	闖	闡	闥	闢	阡	阨
許容字体						闥			
音読み	ラン	ケツ	コウ	チン	セン	タチ タツ	ヘキ ビャク	セン	アイ ヤク
訓読み	てすり たけなわ おそ(い) た(ける)	もん か(ける) のぞ(く)	とびら もん と(じる) すべ(て)	うかが(う) ねら(う)	ひら(く) あき(らか) ひろ(める) ひろ(まる)	こもん	ひら(く) ひら(ける) しりぞ(ける)	みち あぜみち はかみち しげ(る)	せま(い) ふさ(がる) くる(しむ)

部首	阜 阝								
標準字体	阮	阯	陂	陌	陋	陜	陞	陝☆	陟
許容字体					陋				
音読み	ゲン	シ	ヒ ハ	ハク バク	ロウ	キョウ	ショウ	セン	チョク
訓読み		もとい あと ふもと	つつみ さか かたむ(く) よこしま	みち あぜみち まち	せま(い) いや(しい)	せま(い) やまかい やまあい	のぼ(る) のぼ(らせる)		のぼ(る) のぼ(らせる) すす(む)

部首	阜 阝							
標準字体	陲	陬	隋☆	隍	隘	隗	隕☆	隧☆
許容字体								隧
音読み	スイ	シュ スウ	ズイ	コウ	アイ ヤク	カイ	イン	スイ ズイ
訓読み	ほとり さかい あや(うい)	すみ くま かたいなか		ほり からぼり むな(しい)	せま(い) けわ(しい) いや(しい) ふさ(がる)	けわ(しい)	お(ちる) お(とす) ふ(る) し(ぬ) うしな(う)	みち

部首	阜 阝		隶(れいづくり)	隹(ふるとり)					
標準字体	隰	隴		雎	雋	雉☆	雍	雕	霍
許容字体								雕	
音読み	シツ シュウ	リョウ ロウ		ショ	シュン セン	ジ チ	ユ ヨウ	チョウ	カク
訓読み	さわ にいばり	おか うね はたけ		みさご	すぐ(れる)	きじ	やわ(らぐ) いだ(く) ふさ(ぐ)	わし きざ(む) ほ(る) え(る)	にわ(か) はや(い)

部首	隹		雨(あめ)(あめかんむり)(あまかんむり)						
標準字体	襍	雖☆	雹	霄	霆	霈	霓	霎	霑
許容字体	雜								
音読み	(雑の旧字体の異体字)	スイ	ハク	ショウ	テイ	ハイ	ゲイ	ショウ ソウ	テン
訓読み		いえど(も)	ひょう	みぞれ そら	いかずち いなずま	おおあめ さか(ん)	にじ	こさめ しば(し)	うるお(う) うるお(す)

部首	標準字体	許容字体	音読み	訓読み
雨	霏		ヒ	
	霖		リン	ながあめ
	霙		エイ	みぞれ
	霤		リュウ	あまだれ したた(り) のき
	霪		イン	ながあめ
	霰☆		サン セン	あられ
	霹		ヘキ	かみなり
	霸	覇の異体字		
	霽		サイ セイ	は(れる) さわ(やか)

部首	標準字体	許容字体	音読み	訓読み
雨	霾		バイ マイ	つちふ(る) つちぐも(り)
	靄☆	靄	アイ	もや なご(やか)
	靆	靆	タイ	
	靂		レキ	
	靉		アイ	
青 靑 (あお)				
非 (あらず)(ひ)	靠	靠	コウ	たが(う) よ(る) もた(れる)
	靡☆		ミ ビ ヒ	なび(く) なび(かす) ち(らす) おご(る) はな(やか) ほろ(びる) ただ(れる)

部首	標準字体	許容字体	音読み	訓読み
面 (めん)	靤		ホウ	にきび
	靦		テン	は(じる) あつ(かましい)
	靨		ヨウ	えくぼ
革 (かくのかわ)(つくりがわ)(かわへん)	勒☆		ロク	くつわ おさ(める) おさ(える) ほ(る) きざ(む)
	靫		サ サイ	うつぼ ゆぎ
	鞅		オウ	むながい はらおび きずな うら(む) にな(う) わるがしこ(い)
	靼		タツ タン	なめしがわ

部首	標準字体	許容字体	音読み	訓読み
革	鞁		ヒ	むながい
革	靺		マツ バツ	かわたび
革	鞆●	鞆		とも
革	鞋☆		アイ カイ	くつ
革	鞏	鞏	キョウ	つか(ねる) かた(める) かた(い)
革	鞐●			こはぜ
革	鞜		トウ	くつ かわぐつ
革	鞨	鞨	カツ	くつ かわぐつ
革	鞦		シュウ	しりがい

部首	標準字体	許容字体	音読み	訓読み
革	鞣		ジュウ	なめ(す) なめしがわ
革	鞳		トウ	
革	鞴		フク ホ ヒ ビ ブ	うつぼ ふいご
革	韆	韆	セン	
革	韈	韈	ベツ	たび くつした
韋(なめしがわ)	韋☆	*2	イ	なめしがわ やわ(らかい)
韋(なめしがわ)	韞	*2	ウン	つつ(む) おさ(める) かく(す)
韋(なめしがわ)	韜	*2	トウ	ゆみぶくろ つつ(む) かく(す) ゆごて
韭(にら)	齏	韲	セイ サイ	なます あえもの あ(える) くだ(く)

*2 本書270頁 B-(1)参照。

部首	標準字体	許容字体	音読み	訓読み
音(おと)	韵	韻の異体字		
音(おと)	韶		ショウ	あき(らか) うつく(しい)
頁(おおがい)	頏		コウ	のど くび
頁(おおがい)	頌		ショウ ジュ ヨウ	ほ(める) たた(える) かたち ゆる(やか)
頁(おおがい)	頤	頤	イ	おとがい あご やしな(う)
頁(おおがい)	頡		ケツ キツ	みだ(れる)
頁(おおがい)	頷☆		カン ガン	あご うなず(く)
頁(おおがい)	頹☆	*	タイ	くず(れる)
頁(おおがい)	顆☆		カ	つぶ

部首	頁							風（かぜ）	
標準字体	顋	顫	顬	顰	顱	顴	顳	颪●	颯
許容字体				顰					
音読み	サイ	セン	ジュ	ヒン ビン	ロ	カン ケン	ショウ ジョウ		サツ ソウ
訓読み	あご あぎと えら	ふる（える） おのの（く） おどろ（く）		ひそ（める） しか（める） ひそ（み）	かしら こうべ あたま どくろ	ほおぼね		おろし	はやて

部首	風				飛（とぶ）	食（しょく） 𩙿 飠（しょくへん）		
標準字体	颱	颶	飄	飆	飜	飩	飫☆	餃
許容字体					翻	飩	飫	餃
音読み	タイ	グ	ヒョウ	ヒョウ	（翻の旧字体の異体字）	トン ドン	オ ヨ	コウ
訓読み	たいふう	つむじかぜ	つむじかぜ はや（い） ひるがえ（る） ただよ（う） お（ちる）	つむじかぜ かぜ みだ（れる）			あ（きる） さかも（り）	あめ

部首	食 𩙿 飠							
標準字体	餉	餒	餔	餡	餞	餤	餬	餮
許容字体	餉	餒	餔	餡	餞	餤	餬	
音読み	ショウ	ダイ	ホ フ	アン カン	セン	タン	コ	テツ
訓読み	かれい かれいい かて おく（る） かたとき	う（える） くさ（る）	ゆうめし く（う） やしな（う） ゆうぐ（れ）		はなむけ おく（る）	すす（む） すす（める） く（う） く（わせる）	かゆ くちすぎ（する）	むさぼ（る）

部首	食 飠 𩙿							
標準字体	餽	餾	饂●	饉☆	饅☆	饐	饋	饑
許容字体	餽	餾	饂	饉 饉	饅	饐	饋	饑
音読み	キ	リュウ	ウン	キン	バン マン	イ エツ	キ	キ
訓読み	おく(る) おくりもの	む(す) むしめし		う(える)	ぬた	す(える) くさ(る) むせ(ぶ)	おく(る) すす(める) おくりもの たべもの	う(える) ひだる(い)

部首	食 飠 𩙿			首(くび)		香(か)(かおり)	馬(うま)(うまへん)
標準字体	饒☆	饌	饕	馗	馘	馥	馭
許容字体	饒	饌					
音読み	ジョウ ニョウ	サン セン	トウ	キ	カク	フク	ギョ
訓読み	ゆた(か) ゆた(かにする) おお(い) あま(る) ゆとり	そな(える) そなえもの く(う)	むさぼ(る)	みち	くびき(る) みみき(る)	かお(り) かお(る) かんば(しい)	あやつ(る) の(る) す(べる) おさ(める)

部首	馬						
標準字体	馮	駟	駛	駝	駑	駘	駭
許容字体							
音読み	ヒョウ フウ	シ	シ	タ ダ	ド ヌ	タイ ダイ	カイ ガイ
訓読み	よ(る) たの(む) かちわた(る) いか(る) つ(く)		は(せる) はや(い) にわ(か)	らくだ	にぶ(い) のろ(い) おろ(か)	ぬ(ぐ) にぶ(い) ふ(む) のど(か) みにく(い)	おどろ(く) おどろ(かす) みだ(れる) はげ(しい)

部首	標準字体	許容字体	音読み	訓読み
馬	駮		ハク バク	まだら ぶち なじ(る) といただ(す)
馬	駱		ラク	かわらげ らくだ
馬	駻		カン	あらうま
馬	駸		シン	はし(る) すす(む)
馬	騁		テイ	は(せる) の(べる) ほしいまま(にする)
馬	騏		キ	あおぐろ(い)
馬	騅		スイ	あしげ
馬	駢	騈	ヘン ベン	なら(ぶ) なら(べる)
馬	騙☆	騙	ヘン	かた(る) だま(す)

部首	標準字体	許容字体	音読み	訓読み
馬	騫		ケン	か(ける) あやま(る) と(る) かか(げる) と(ぶ)
馬	騭		チョク シツ	おすうま のぼ(る) さだ(める)
馬	驂		サン	そえうま そえの(り)
馬	驀		バク	の(る) のりこ(える) まっしぐら たちま(ち)
馬	驃		ヒョウ	しらかげ つよ(い) いさ(ましい)
馬	騾		ラ	らば
馬	驕		キョウ	おご(る) ほしいまま つよ(い) さか(ん)
馬	驍		キョウ ギョウ	たけ(し) つよ(い)
馬	驎	＊2	リン	

＊2 本書270頁 B-(1)参照。

部首	標準字体	許容字体	音読み	訓読み
馬	騶		シュウ	はし(る) はや(い) にわ(か) しばしば
馬	驢		リョ ロ	ろば うさぎうま
馬	驥		キ	
馬	驤		ジョウ	あ(がる) あ(げる) はし(る) はや(い)
馬	驩		カン	よろこ(ぶ) よろこ(び)
馬	驪		リ レイ	くろうま くろ(い) なら(べる)
骨(ほね)(ほねへん)	骭		カン	はぎ すね あばら
骨(ほね)(ほねへん)	骰		トウ	さい さいころ
骨(ほね)(ほねへん)	骼		カク	ほね ほねぐみ

部首	標準字体	許容字体	音読み	訓読み
骨	髀	髀	ヒ	もも もものほね
	髏		ロ ロウ	されこうべ しゃれこうべ
	髑		トク ドク	されこうべ しゃれこうべ
高（たかい）				
髟（かみがしら）（かみかんむり）	髢		テイ	かもじ
	髯	髯	ゼン	ほおひげ ひげ
	髣		ホウ	に（る） ほの（か） かす（か）
	髦		ボウ モウ	たれがみ さげがみ すぐ（れる） ぬき（んでる）
	髫		チョウ	うない たれがみ こども

部首	標準字体	許容字体	音読み	訓読み
髟	髴		フツ ヒ	に（る） ほの（か） かす（か）
	髱		ホウ	たぼ つと たぼがみ
	髷☆		キョク	まげ わげ まるまげ
	髻☆		ケイ	たぶさ もとどり みずら
	鬆		ショウ ソウ	あら（い） ゆる（い） す
	鬘☆		バン マン	かつら かずら
	鬚☆		シュ ス	あごひげ ひげ
	鬟		カン	わげ こしもと みずら
	鬢☆		ヒン ビン	

部首	標準字体	許容字体	音読み	訓読み
髟	鬣		リョウ	たてがみ
鬥（とうがまえ）（たたかいがまえ）	鬧	鬧	トウ ドウ	さわ（がしい） さわ（ぐ） あらそ（う）
	鬨		コウ	たたか（う） とき さわ（ぐ） さわ（がしい）
	鬩		ケキ ゲキ	せめ（ぐ） いいあらそ（う） なかたが（い）
	鬭	鬪	（闘の旧字体の異体字）	
	鬮		キュウ	たたかいと（る） くじ
鬯（ちょう）	鬯		チョウ	においざけ の（びる）
鬲（かなえ）	鬻		イク シュク	かゆ ひさ（ぐ）
鬼（おに）（きにょう）	魃		ハツ バツ	ひでり

部首	鬼						魚（うお）（うおへん）（さかなへん）		
標準字体	魄	魏☆	魍	魎	魑	魘	魞●	魳	魴
許容字体									
音読み	ハク タク	ギ	ボウ モウ	リョウ	チ	エン		シ	ホウ
訓読み	たましい こころ	たか（い）	すだま もののけ	すだま もののけ	すだま もののけ	うな（される） おそ（われる）	えり	かます	おしきうお かがみだい

部首	魚								
標準字体	魬	魸●	鮓	鮃	鮑	鮖●	鮗●	鮇●	⿰魚尓●
許容字体							鮗		
音読み	ハン バン		サ	ヒョウ ヘイ	ホウ				
訓読み	はまち	なまず	すし	ひらめ	あわび	かじか	このしろ	いわな	いさざ

部首	魚								
標準字体	鮠	鮨☆	鮟●	鮴●	鮲●	鮱●	鯀	鯊	鮹
許容字体									
音読み	ガイ	シ ゲイ	アン				コン	サ	ショウ ソウ
訓読み	はえ はや	すし さんしょううお		ごり	こち まて	おおぼら		はぜ	たこ

部首	魚								
標準字体	鮸	鯏●	鯑●	鯒●	鯎●	鯐●	鯣	鯢	鯤
許容字体	鮸								
音読み	ベン メン						エキ	ゲイ	コン
訓読み	にべ	うぐい あさり	かずのこ	こち	うぐい	すばしり	するめ	さんしょううお めくじら	

部首	魚								
標準字体	鯔	鯡	鯲●	鯱●	鯰●	鰕	鰔	鰉	鰓☆
許容字体			鯲						
音読み	シ	ヒ			ネン	カ	カン	コウ	サイ
訓読み	ぼら いな	はららご はらご にしん	どじょう	しゃち しゃちほこ	なまず	えび	かれい	ひがい	えら あぎと

部首	魚								
標準字体	鰌	鰆	鰈	鰒	鰊☆	鰄	鰘●	鰙●	鰚●
許容字体									
音読み	シュウ	シュン	チョウ	フク	レン	イ			
訓読み	どじょう	さわら	かれい	あわび ふぐ	にしん	かいらぎ さめ	むろあじ	はや はえ わかさぎ	はらか

部首	魚								
標準字体	鰮	鰥	鰤	鰧	鰰●	鱆	鰾	鱇●	鱏
許容字体	鰮			鰧	鰰				鱏
音読み	オン	カン	シ	トウ		ショウ	ヒョウ	コウ	シン ジン
訓読み	いわし	やもお やもめ や(む) なや(む)	ぶり	おこぜ	はたはた	たこ	ふえ うきぶくろ		ちょうざめ えい

部首	魚								
標準字体	鱓	鱚●	鱛●	鱋●	鱟	鱠	鱧	鱩●	鱶
許容字体				鱋					
音読み	セン				ゴウ	カイ	レイ		ショウ
訓読み	かわへび うつぼ ごまめ	きす	えそ	あおさば さば	かぶとがに	なます	はも	はたはた	ふか

部首	魚		鳥(とり)(とりへん)						
標準字体	鱲	鱸	鳧	鳰●	鴉☆	鴃	鴆	鴥	鴣
許容字体			鳬		＊2	鴂		鴪	
音読み	リョウ	ロ	フ		ア	ゲキ ケツ	チン	イツ	コ
訓読み	からすみ	すずき	かも けり	にお	からす	もず		はや(い)	

＊2 本書270頁 B-(1)参照。

部首	標準字体	許容字体	音読み	訓読み
鳥	鴟		シ	とび ふくろう
鳥	鴕		タ ダ	だちょう
鳥	鴒		レイ	
鳥	鵄		シ	とび
鳥	鵁	鵁	コウ	
鳥	鴿		コウ	いえばと どばと
鳥	鴾		ボウ ム	とき つき
鳥	鴴●			ちどり
鳥	鴇●			とき

部首	標準字体	許容字体	音読み	訓読み
鳥	鵝	鵞	ガ	がちょう
鳥	鵑		ケン	ほととぎす さつき
鳥	鵤●			いかる いかるが
鳥	鵥●			かけす
鳥	鵲		ジャク	かささぎ
鳥	鶉		ジュン	うずら
鳥	鶇		トウ	つぐみ
鳥	鵯	鵯	ヒ ヒツ	ひよ ひよどり
鳥	鵺		ヤ	ぬえ

部首	標準字体	許容字体	音読み	訓読み
鳥	鶄	鶄	セイ	
鳥	鶍●			いすか
鳥	鶎●			きくいただき
鳥	鵙	鵙	ケキ ゲキ	もず
鳥	鶚		ガク	みさご
鳥	鶤		コン	とうまる しゃも
鳥	鶩		ボク ブ	あひる か(ける)
鳥	鶫●			つぐみ
鳥	鶲		オウ	ひたき

部首	標準字体	許容字体	音読み	訓読み
鳥	鶪		ゲキ	
	鶻		コツ	はやぶさ くまたか
	鶸		ジャク	ひわ
	鶺		セキ	
	鷏		シン テン デン	つつどり よたか
	鷂		ヨウ	はしたか はいたか
	鷙		シ	あらどり あら(い) あらあら(しい) う(つ)
	鷓		シャ	
	鷸		イツ	しぎ かわせみ

部首	標準字体	許容字体	音読み	訓読み
鳥	鷦		ショウ	みそさざい
	鷭		ハン バン	
	鷯		リョウ	
	鷽		カク ガク	うそ
	鸛		カン	こうのとり
	鸞☆		ラン	すず
鹵(しお)	鹵		ロ	しお しおち おろそ(か) おろ(か) たて かす(める) うば(う)
	鹹		カン	から(い) しおから(い) しおけ

部首	標準字体	許容字体	音読み	訓読み
鹿(しか)	麈		シュ ス	おおじか
	麋		ビ ミ	おおじか なれしか まゆ くだ(ける) みだ(れる)
	麌		グ ゴ	おじか
	麕	麇	キン クン	のろ くじか むら(がる)
	麑		ゲイ ベイ	かのこ
	麝		シャ ジャ	じゃこうじか
	麤	麁	ソ	あら(い) あらあら(しい) おお(きい) ほぼ くろごめ

部首	標準字体	許容字体	音読み	訓読み
麦麥（ばくにょう）	麩	麸	フ	ふすま
	麭		ホウ	こなもち だんご
麻麻（あさ／あさかんむり）	麾		キ	さしずばた さしまね(く) ふ(る)
黄黃（き）	黌		コウ	まなびや
黍（きび）	黎		レイ リ	おお(い) くろ(い) もろもろ ころあい
	黏	粘の異体字		
	黐		チ	もち とりもち
黒黑（くろ）	黔		ケン	くろ(い) くろ(む)
	黜		チュツ	しりぞ(ける) おと(す)

部首	標準字体	許容字体	音読み	訓読み
黒黑	黝		ユウ	あおぐろ(い) くろ くろ(い) くろ(む) うすぐら(い)
	黠		カツ	さと(い) さか(しい) わるがしこ(い)
	黥		ケイ ゲイ	いれずみ
	黯		アン	くろ(い) くら(い) いた(ましい)
	黴		バイ ビ ミ	かび か(びる) よご(れる)
	黶		エン	ほくろ あざ
	黷		トク	けが(す) けが(れる) よご(す) よご(れる)
黹（ふつへん）	黹		チ	ぬ(う) ぬいとり

部首	標準字体	許容字体	音読み	訓読み
黹	黻		フツ	ひざかけ ぬいとり ぬ(う)
	黼		ホ フ	あや ぬいとり
黽（べんあし）	黽		ベン ビン ボウ	あおがえる つと(める)
	鼇		ゴウ	おおうみがめ おおすっぽん
	鼈		ヘツ ベツ	すっぽん
鼎（かなえ）				
鼓（つづみ）	鼕	鼕	トウ	
鼠（ねずみ／ねずみへん）	鼬		ユ ユウ	いたち
	鼯		ゴ	むささび

部首	標準字体	許容字体	音読み	訓読み
鼠	鼴	鼹	エン	もぐら もぐらもち
鼻（はな）（はなへん）	鼾		カン	いびき
斉齊（せい）	齎		サイ セイ シ	もたら(す) ああ たから おくりもの もちもの
歯齒（は）（はへん）	齔	齓	シン	はがわり みそっぱ おさな(い)
	齣		シュツ セキ	くぎり くさり きれめ こま
	齟☆		ショ ソ	か(む) くいちが(う)
	齠		チョウ	みそっぱ おさな(い)
	齦		ギン コン	はぐき か(む)

部首	標準字体	許容字体	音読み	訓読み
歯齒	齧	囓	ゲツ ケツ	か(む) かじ(る) くいこ(む) か(ける)
	齬☆		ゴ	くいちが(う)
	齪		サク セク シュク	せま(る) こせつ(く) つつし(む)
	齷		アク	こま(かい) せま(い) せま(る) こせつ(く)
	齲		ウ ク	むしば
	齶		ガク	はぐき
竜龍（りゅう）	龕		ガン カン	ずし か(つ)
亀龜（かめ）				
龠（やく）	龠		ヤク	ふえ

表外漢字における字体の違いとデザインの違い

国語審議会答申「表外漢字字体表」（平成12年）「Ⅲ参考」による。

表外漢字字体表においても、常用漢字表の考え方を基本的に踏襲する。以下、常用漢字表でデザインの違いとするそれぞれの例に該当する表外漢字の例を、表外漢字字体表に掲げられた一〇二二字の中から選んで示す。また、表外漢字だけに適用するデザイン差の例も併せて示す。（※印は現在は常用漢字。）

1　へんとつくり等の組合せ方について

(1)　大小、高低などに関する例

甥　甥　　頃※　頃

(2)　はなれているか、接触しているかに関する例

曖※　曖　　弄※　弄

2　点画の組合せ方について

(1)　長短に関する例

撫　撫　撫　　諏　諏

罕　罕　　禽　禽

(2)　つけるか、はなすかに関する例

潑　潑　　竈　竈　　幌　幌

腔　腔　　冥※　冥　　蕨　蕨

蚤　蚤

(3) 接触の位置に関する例

粕　粕　濠　濠　閃　閃　閃

套　套　蔓　蔓

(4) 交わるか、交わらないかに関する例

餌※　餌　誹　誹　銚　銚

寓　寓　胚　胚　軀　軀

(5) その他

訝　訝　訝　聚　聚　聚

3 点画の性質について

(1) 点か、棒(画)かに関する例

(該当例なし)

(2) 傾斜、方向に関する例

蠅　蠅　遁　遁　紐　紐

(3) 曲げ方、折り方に関する例

甑　甑　攢　攢　頓※　頓

撈※　撈

(4) 「筆押さえ」等の有無に関する例

廻　廻　咬　咬

噂　噂　噂　溢　溢　溢

雫　雫

(5) とめるか、はらうかに関する例

揆 揆　遽 遽　毯 毯

咽※ 咽　憫 憫　爛 爛

(6) とめるか、ぬくかに関する例

葺 葺　訊 訊　頷 頷

(7) はねるか、とめるかに関する例

洒 洒　醱 醱　鄭 鄭

隙※ 隙

4 表外漢字だけに適用されるデザイン差について

（漢字使用の実態への配慮から、字体の差と考えなくてもよいと判断したもの）

A 画数の変わらないもの

(1) 接触の位置・有無に関する例

虻 虻　茫 茫　炬 炬

渠 渠　俱 俱

(2) 傾斜、方向に関する例

芦 芦　篇 篇　闇※ 闇

蹄 蹄　籠※ 籠　喰 喰

煎※ 煎　廟 廟　逞 逞

疼 疼

(3) 点か、棒（画）かに関する例

茨※ 茨　灼 灼　蔑※ 蔑

筑 筑 註 註

(4) 続けるか、切るかに関する例

薇 薇 頽 頽 譚 譚

(5) 交わるか、交わらないかに関する例

訛 訛 篝 篝 珊 珊

恢 恢 鵠 鵠

(6) その他

囀 囀 饗 饗 挺 挺

※柵 栅

B 画数の変わるもの

(1) 接触の位置に関する例

※牙 牙 牙 穿 穿 穿

漑 漑 漑 漑

葦 葦 葦 憐 憐 憐

(2) 続けるか、切るかに関する例

叟 叟 ※痩 痩 嘩 嘩

畢 畢 兎 兎 稗 稗

笈 笈

C　特定の字種に適用されるもの（個別デザイン差）

卉　卉
荊　荊
稽※　稽

腔　腔
叱※　叱

靱　靭　靭
脆　脆

呑　呑
臈　臈

旧字体一覧表

ここでは、その主要なものを掲載した。
○印は人名用漢字。人名用漢字のなかには、常用漢字の字形にそろえて新字体を定めたものがあるため、新旧の字体が存在する。

部首	ノ	乚乙		二	人亻𠆢				
旧字体	乘	乳	亂	亞	伴	佛	來	侵	侮
新字体	乗	乳	乱	亜	伴	仏	来	侵	侮
級	8	5	5	準2	3	6	9	4	準2

部首	人亻𠆢								
旧字体	倂	偉	假	偏	傑	傳	僞	僧	價
新字体	併	偉	仮	偏	傑	伝	偽	僧	価
級	準2	4	6	準2	準2	7	準2	4	6

部首	人亻𠆢	儿			入			八	冂
旧字体	儉	充	免	兒	內	全	兩	兼	册
新字体	倹	充	免	児	内	全	両	兼	冊
級	3	準2	3	7	9	8	8	4	5

部首	冂	冫	刀刂						力
旧字体	冐	冴	判	劵	割	剩	劍	劑	勉
新字体	冒	冴○	判	券	割	剰	剣	剤	勉
級	4	準1	6	6	5	準2	4	4	8

部首	力						勹	匚	十
旧字体	勝	勞	勤	勳	勵	勸	包	區	半
新字体	勝	労	勤	勲	励	勧	包	区	半
級	8	7	5	準2	3	4	7	8	9

				口	又	厶		卩	十	部首
喝	啄	啓	周	吸	及	參	卽	卷	卑	旧字体
喝	啄°	啓	周	吸	及	参	即	巻	卑	新字体
準2	準1	3	7	5	4	7	4	5	3	級

		囗							口	部首
圍	國	圈	囑	嚴	噴	器	嘆	單	喫	旧字体
囲	国	圏	嘱	厳	噴	器	嘆	単	喫	新字体
7	9	4	3	5	4	7	4	7	3	級

						土			囗	部首
墮	增	塀	塚	堯	城	坪	團	圖	圓	旧字体
堕	増	塀	塚	尭°	城	坪	団	図	円	新字体
準2	6	準2	準2	準1	5	準2	6	9	10	級

		士							土	部首
壻	壹	壯	壤	壞	壘	壓	墳	墨	墜	旧字体
婿	壱	壮	壌	壊	塁	圧	墳	墨	墜	新字体
3	4	準2	準2	4	準2	6	3	3	3	級

				女			大	夕	士	部首
孃	嫌	媛	婦	姬	奬	奧	契	夢	壽	旧字体
嬢	嫌	媛	婦	姫	奨	奥	契	夢	寿	新字体
3	準2	2	6	3	準2	4	3	6	3	級

寸						宀			子	部首
將	寶	寫	寬	寢	實	宵	害	學	孤	旧字体
将	宝	写	寛	寝	実	宵	害	学	孤	新字体
5	5	8	準2	4	8	準2	7	10	3	級

山			尸	小					寸	部首
峽	屬	層	屆	尙	導	對	尊	尋	專	旧字体
峡	属	層	届	尚	導	対	尊	尋	専	新字体
3	6	5	5	準2	6	8	5	4	5	級

		巾	己	工		巛川			山	部首
幣	帽	帶	巽	巨	巢	巡	巖	嶽	崩	旧字体
幣	帽	帯	巽°	巨	巣	巡	巌°	岳	崩	新字体
準2	4	7	準1	4	7	4	準1	3	3	級

	弓	廾	廴					广	干	部首
弱	弧	弊	延	廳	廢	廣	廊	廉	平	旧字体
弱	弧	弊	延	庁	廃	広	廊	廉	平	新字体
9	3	準2	5	5	準2	9	3	3	8	級

		⺗忄心				彳	彡		弓	部首
恆	急	忍	德	徵	從	徑	彥	彌	彈	旧字体
恒	急	忍	徳	徴	従	径	彦°	弥	弾	新字体
4	8	準2	6	4	5	7	準1	2	4	級

									小忄心	部首
慘	慨	愼	愉	惱	情	惠	惡	悔	悅	旧字体
惨	慨	慎	愉	悩	情	恵	悪	悔	悦	新字体
4	3	4	準2	4	6	4	8	3	3	級

戸			戈						小忄心	部首
戶	戲	戰	成	戀	懷	懲	憤	應	憎	旧字体
戸	戯	戦	成	恋	懐	懲	憤	応	憎	新字体
9	4	7	7	4	準2	準2	準2	6	3	級

				扌手					戸	部首
拂	拔	拜	拒	扱	扉	扇	戾	房	所	旧字体
払	抜	拝	拒	扱	扉	扇	戻	房	所	新字体
4	4	5	準2	4	準2	4	準2	3	8	級

									扌手	部首
搖	插	搜	揭	援	掃	捨	挾	拳	抱	旧字体
揺	挿	捜	掲	援	掃	捨	挟	拳	抱	新字体
3	準2	準2	3	4	3	5	準2	2	4	級

		攴攵							扌手	部首
敎	效	收	攝	擴	擔	擇	擊	擧	據	旧字体
教	効	収	摂	拡	担	択	撃	挙	拠	新字体
9	6	5	3	5	5	3	4	7	4	級

部首	攴攵				斤	旡	日			
旧字体	敍	敕	敏	數	斷	旣	晉	晟	晝	晚
新字体	叙	勅	敏	数	断	既	晋○	晟○	昼	晩
級	準2	準2	4	9	6	3	準1	1	9	5

部首	日						曰		月	木
旧字体	晴	暑	暖	曉	曆	曙	曾	會	朗	條
新字体	晴	暑	暖	暁	暦	曙○	曽	会	朗	条
級	9	8	5	準2	4	準1	2	9	5	6

部首	木									
旧字体	梅	棧	棚	榮	構	槇	槪	樂	樞	樣
新字体	梅	桟	棚	栄	構	槙○	概	楽	枢	様
級	7	準2	準2	7	6	準1	3	9	準2	8

部首	木						欠		止	
旧字体	樓	橫	檢	櫻	欄	權	歐	歡	步	歷
新字体	楼	横	検	桜	欄	権	欧	歓	歩	歴
級	3	8	6	6	4	5	3	4	9	7

部首	止	歹	殳			毋	气	水氵氺		
旧字体	歸	殘	殺	殼	毆	每	氣	沒	泡	海
新字体	帰	残	殺	殻	殴	毎	気	没	泡	海
級	9	7	7	準2	3	9	10	3	準2	9

									氺 氵 水	部首
渚	港	渴	淚	淺	淸	淨	浮	涉	消	旧字体
渚○	港	渇	涙	浅	清	浄	浮	渉	消	新字体
準1	8	準2	4	7	7	準2	4	準2	8	級

									氺 氵 水	部首
澤	潛	澁	潔	滿	滯	漢	溝	溪	溫	旧字体
沢	潜	渋	潔	満	滞	漢	溝	渓	温	新字体
4	3	準2	6	7	3	8	準2	準2	8	級

			灬 火						氺 氵 水	部首
燒	煮	煙	灰	灣	瀧	瀨	濱	濕	濟	旧字体
焼	煮	煙	灰	湾	滝	瀬	浜	湿	済	新字体
7	4	4	5	3	3	3	4	3	5	級

		犭 犬	牛			爪 爫 ⺥ 爪			灬 火	部首
猪	狹	狀	犧	爵	爲	爭	爐	營	燈	旧字体
猪○	狭	状	犠	爵	為	争	炉	営	灯	新字体
準1	4	6	3	準2	4	7	3	6	7	級

瓦	瓜瓜		王玉						犭 犬	部首
甁	(はなびら)瓣	瑤	琢	獻	獵	獸	獲	獨	猶	旧字体
瓶	弁	瑶○	琢○	献	猟	獣	獲	独	猶	新字体
準2	6	1	準1	準2	3	4	4	6	準2	級

癶			疒					田	生	部首
發	癡	癒	瘦	疊	當	畫	異	畔	產	旧字体
発	痴	癒	痩	畳	当	画	異	畔	産	新字体
8	準2	準2	2	4	9	9	5	3	7	級

		石	矢		目			皿	白	部首
硝	硏	砲	矩	瞬	眞	盡	盜	益	皓	旧字体
硝	研	砲	矩○	瞬	真	尽	盗	益	皓○	新字体
準2	8	4	準1	4	8	4	4	6	1	級

		禾					礻示示		石	部首
稱	程	稅	禮	禪	祿	祕	示□	碑	碎	旧字体
称	程	税	礼	禅	禄○	秘	礻□	碑	砕	新字体
4	6	6	8	準2	準1	5		3	準2	級

竹	立		穴						禾	部首
節	竝	竊	突	穰	穫	穩	穗	稻	穀	旧字体
節	並	窃	突	穣○	穫	穏	穂	稲	穀	新字体
7	5	準2	4	準1	3	3	3	4	5	級

						糸		米	竹	部首
緯	綠	經	絲	終	級	約	精	粹	築	旧字体
緯	緑	経	糸	終	級	約	精	粋	築	新字体
4	8	6	10	8	8	7	6	3	6	級

									糸	部首
繭	繪	繁	總	縱	縣	練	編	緖	緣	旧字体
繭	絵	繁	総	縦	県	練	編	緒	縁	新字体
準2	9	4	6	5	8	8	6	準2	4	級

		羽	罒网		缶				糸	部首
習	翁	羽	署	罐	缺	纖	續	繼	繩	旧字体
習	翁	羽	署	缶	欠	繊	続	継	縄	新字体
8	準2	9	5	準2	7	準2	7	4	準2	級

月肉	聿			耳	耂老				羽	部首
肖	肅	聽	聰	聲	者	翼	翻	翔	翌	旧字体
肖	粛	聴	聡○	声	者	翼	翻	翔○	翌	新字体
準2	準2	3	準1	9	8	4	3	1	5	級

	臼	至	自						月肉	部首
舊	與	臺	臭	臟	膽	腦	脫	胞	肩	旧字体
旧	与	台	臭	臓	胆	脳	脱	胞	肩	新字体
6	4	9	準2	5	3	5	4	3	4	級

				艹艹艸	色		舛		舌	部首
萬	著	莊	莖	芽	艷	舞	舜	舖	舍	旧字体
万	著	荘	茎	芽	艶	舞	舜○	舗	舎	新字体
9	5	準2	準2	7	2	4	準1	4	6	級

虫				虍					艹 艹 艸	部首
螢	虜	號	虛	處	蘭	藥	藝	藏	薰	旧字体
蛍	虜	号	虚	処	蘭°	薬	芸	蔵	薫	新字体
準2	準2	8	3	5	準1	8	7	5	準2	級

	見	西襾			衤衣	行			虫	部首
覺	視	覀	褒	褐	裝	衞	蠻	蠶	蟲	旧字体
覚	視	覀	褒	褐	装	衛	蛮	蚕	虫	新字体
7	5		準2	準2	5	6	3	5	10	級

						言	角		見	部首
諸	謁	調	請	誕	誠	評	觸	觀	覽	旧字体
諸	謁	調	請	誕	誠	評	触	観	覧	新字体
5	準2	8	3	5	5	6	4	7	5	級

									言	部首
護	譽	譯	證	謹	謠	謄	講	謙	諭	旧字体
護	誉	訳	証	謹	謡	謄	講	謙	諭	新字体
6	4	5	6	準2	4	準2	6	準2	準2	級

				貝	豕	豆			言	部首
購	賴	賣	賓	貳	豫	豐	讓	變	讀	旧字体
購	頼	売	賓	弐	予	豊	譲	変	読	新字体
準2	4	9	準2	4	8	6	3	7	9	級

辛	車				足		走	貝		部首
辨(わきまえる)	轉	轄	輸	輕	踐	距	赳	贈	贊	旧字体
弁	転	轄	輸	軽	践	距	赳°	贈	賛	新字体
6	8	準2	6	8	準2	4	1	4	6	級

辶辶辵								辛		部首
遵	遙	遞	遍	遂	違	逸	辶□	辯(かたる)	辭	旧字体
遵	遥°	逓	遍	遂	違	逸	辶□	弁	辞	新字体
3	準1	準2	準2	3	4	準2		6	7	級

酉			阝邑					辶辶辵		部首
醫	醉	酌	鄰	鄕	都	郞	邪	邊	遲	旧字体
医	酔	酌	隣	郷	都	郎	邪	辺	遅	新字体
8	3	準2	4	5	8	4	3	7	4	級

金								釆	酉	部首
鐵	鎭	鐮	鍊	錄	錢	銳	釣	釋	釀	旧字体
鉄	鎮	鎌	錬	録	銭	鋭	釣	釈	醸	新字体
8	3	2	3	7	6	4	準2	4	準2	級

阝阜							門	金		部首
隱	隨	險	隆	隊	陷	降	關	鑛	鑄	旧字体
隠	随	険	隆	隊	陥	降	関	鉱	鋳	新字体
4	3	6	3	7	準2	5	7	6	3	級

頁	音	靑青		雨	隹				隶	部首
頻	響	靜	靑	靈	難	雙	雜	雅	隸	旧字体
頻	響	静	青	霊	難	双	雑	雅	隷	新字体
準2	4	7	10	3	5	3	6	4	4	級

馬			飠𩙿食				頁			部首
驅	騰	騷	餠	餘	飽	[illegible]	顯	類	顏	旧字体
駆	騰	騒	餅	余	飽	[illegible]	顕	類	顔	新字体
4	準2	4	2	6	3		準2	7	9	級

鹿	鹵	鳥	魚	鬥	髟	骨		馬		部首
麟	鹽	鷄	鯛	鬭	髮	體	髓	驗	驛	旧字体
麟°	塩	鶏	鯛°	闘	髪	体	髄	験	駅	新字体
準1	7	3	準1	4	4	9	3	7	8	級

斉齊		黒黑					黄黃	麦麥		部首
齋	齊	黨	點	黛	默	黑	黃	麵	麥	旧字体
斎	斉	党	点	黛°	黙	黒	黄	麺	麦	新字体
準2	準2	5	9	準1	4	9	9	2	9	級

亀龜	竜龍	歯齒		部首
龜	龍	齡	齒	旧字体
亀	竜	齢	歯	新字体
2	準2	4	8	級

国字（和字）

▲印は、辞典によって扱いの異なるもの。

部首	イ人			几			勹	口	
漢字	俣	俤	俥	凧	凪	凩	匁	喰▲	噺
級	準1	1	1	準1	準1	1	準1	準1	準1
読み	また	おもかげ	くるま	たこ	なぎ な(ぐ)	こがらし	もんめ め	く(らう) く(う)	はなし

部首	口				土	女	山	弓	忄心
漢字	噸	叺	呎	呏	圦	嬶▲	岃	弖▲	怺
級	準1	1	1	1	1	1	1	1	1
読み	トン	かます	フィート	ガロン	いり	かか かかあ	なた	て 例＝弖爾乎波(てにをは)	こら(える)

部首	扌手		木						
漢字	扨	挘	杢	栂	柾	椙	椛	榊	樫
級	1	1	準1	準1	準1	準1	準1	準1	準1
読み	さて	むし(る)	もく	とが つが	まさ まさき	すぎ	もみじ	さかき	かし

部首	木								
漢字	杣	枡	桛	梻	梺	椚	楾	榁▲	榀
級	1	1	1	1	1	1	1	1	1
読み	そま	ます	かせ	しきみ	ふもと	くぬぎ	はんぞう	むろ	こまい

部首	漢字	級	読み
毛	毟	1	むし(る)
火	熕	1	コウ おおづつ
火	燵	1	タツ 例＝炬燵(コタツ)
瓦	瓲▲	1	トン
瓦	瓩	1	キログラム
瓦	瓸	1	ヘクトグラム
瓦	瓧	1	デカグラム
瓦	瓰	1	デシグラム
瓦	甅	1	センチグラム
瓦	瓱	1	ミリグラム

部首	漢字	級	読み
田	畠	準1	はた はたけ
疒	癪	1	シャク
石	硲	準1	はざま
立	竏	1	キロリットル
立	竡	1	ヘクトリットル
立	竍	1	デカリットル
立	竕	1	デシリットル
立	竰	1	センチリットル
立	竓	1	ミリリットル
竹	笹	準1	ささ

部首	漢字	級	読み
竹	簓	1	セン ささら
竹	簗▲	1	やな
竹	籡	1	しんし
米	粂	準1	くめ
米	籾	準1	もみ
米	粏▲	1	タ ぬかみそ 例＝糂粏(ジンタ)
米	糀	1	こうじ
米	粁	準1	キロメートル
米	粨	1	ヘクトメートル
米	籵	1	デカメートル

部首	漢字	級	読み
米	糎	準1	センチメートル
米	粍	準1	ミリメートル
糸	綛	1	かすり かせ
糸	縅	1	おど(す) おどし
糸	繧	1	ウン 例＝繧繝(ウンゲン)
糸	纃	1	かすり
糸	纐	1	コウ しぼ(り) しぼりぞ(め) 例＝纐纈(コウケチ・コウケツ)
耳	聢	1	しか(と)
月肉	膵▲	1	スイ 例＝膵臓(スイゾウ)
舟	艝	1	そり

部首	艹艸			虫			衤衣			
漢字	苆	萢	蓙	蚫▲	蛯	蟎▲	袰	裃	裄	褄
級	1	1	1	1	1	1	1	1	1	1
読み	すさ	やち やつ	ござ	ホウ あわび	えび	だに	ほろ	かみしも	ゆき	つま

部首	衤衣	言	身			車	辶辵			
漢字	襷	諚	躮	躾	軈	轌	辻	辷	迚	逧
級	1	1	1	1	1	1	準1	1	1	1
読み	たすき	ジョウ おきて おお(せ)	せがれ	しつけ	やが(て)	そり	つじ	すべ(る)	とて とて(も)	さこ

部首	辶辵	金								門
漢字	遖	鋲	鑓	錺▲	錵▲	錻	鎹	鐴	鎺	閊
級	1	準1	準1	1	1	1	1	1	1	1
読み	あっぱれ	ビョウ	やり	かざり	にえ	ブ ブリキ	かすがい	さかほこ	はばき	つか(える)

部首	雨	革		風	食	魚				
漢字	雫▲	鞆	鞐	颪	饂	鰯	鱈▲	魞	魸	鮖
級	準1	1	1	1	1	準1	準1	1	1	1
読み	ダ しずく	とも	こはぜ	おろし	ウン 例=饂飩(うどん/ウンドン)	いわし	セツ たら	えり	なまず	かじか

部首	漢字	級	読み
魚	鮗	1	このしろ
魚	鮇▲	1	いわな
魚	鮖	1	いさざ
魚	鮟▲	1	アン
魚	鮴	1	ごり
魚	鮲	1	こち まて
魚	鮱	1	おおぼら
魚	鯏	1	うぐい あさり
魚	鯑	1	かずのこ
魚	鯒	1	こち

部首	漢字	級	読み
魚	鯎	1	うぐい
魚	鯐	1	すばしり
魚	鯲	1	どじょう
魚	鯱	1	しゃち しゃちほこ
魚	鯰	1	ネン なまず
魚	鰘	1	むろあじ
魚	鰙	1	はや はえ わかさぎ
魚	鰚	1	はらか
魚	鰰	1	はたはた
魚	鱇	1	コウ 例＝鮟鱇（アンコウ）

部首	漢字	級	読み
魚	鱚	1	きす
魚	鱛	1	えそ
魚	⿰魚惠	1	あおさば さば
魚	鱩	1	はたはた
鳥	鴫	準1	しぎ
鳥	鳰	1	にお
鳥	鵆	1	ちどり
鳥	鴾	1	とき
鳥	鵤	1	いかる いかるが
鳥	鵥	1	かけす

部首	漢字	級	読み
鳥	鶍	1	いすか
鳥	鶎	1	きくいただき
鳥	鶫	1	つぐみ
麻麻	麿	準1	まろ

※常用漢字表にある国字
働・匂・塀・峠・搾▲・枠・栃・畑・腺・込

漢検 1級 分野別 精選演習

2016年2月20日　第1版第3刷　発行
編　者　公益財団法人 日本漢字能力検定協会
発行者　久保　浩史
印刷所　三省堂印刷株式会社

発行所　**公益財団法人 日本漢字能力検定協会**
〒605-0074 京都市東山区祇園町南側551番地
☎ 075(757)8600
ホームページ http://www.kanken.or.jp/

Printed in Japan
ISBN978-4-89096-292-1 C0081

部首索引

人 161	亠 161	二 161	二画	亅 161	乚乙 161	ノ 161	丶 161	丨 161	一 161	一画
力 166	刂刀 165	凵 165	几 165	冫 165	冖 165	冂 164	八 164	入 164	儿 164	𠆢亻 161
三画	又 167	厶 167	厂 167	㔾卩 167	卜 167	十 167	匸 167	匚 166	匕 166	勹 166
宀 176	子 175	女 173	大 173	夕 173	夊 173	夂 173	士 173	土 172	囗 171	口 167
干 178	巾 178	己 178	工 178	巛川 178	山 176	屮 176	尸 176	尢 176	小 176	寸 176
扌 184	忄 180	彳 179	彡 179	⺕彐彑 179	弓 179	弋 179	廾 179	廴 179	广 178	幺 178
戸 184	戈 184	小心 180		四画	阝(こざとへん) 252	阝(おおざと) 247	辶 246	艹 227	犭 205	氵 197
月(つきへん)(つき) 190	曰 190	日 189	无 189	方 188	斤 188	斗 188	文 188	攵攴 188	支 188	手 184
水 197	气 197	氏 197	毛 197	比 197	毋 197	殳 197	歹 196	止 196	欠 196	木 190
牛 204	牙 204	片 204	爿 204	爻 204	父 204	爪⺤⺥爪 204			火灬 202	
玉 206	玄 206	氺 197	五画	辶 246	艹 227	月(にくづき) 224	耂 223	ネ 213	王 206	犬 205
皮 210	白 210	癶 210	疒 208	疋 208	田 208	用 208	生 208	甘 208	瓦 207	瓜 207